Korte Verhalen in het Roemeens

Korte verhalen in Roemeens voor beginners en gevorderden

Mihai Fieraru

greenthumbpublishing@gmail.com

Inhoud

Inleiding

Lezen in een vreemde taal is een van de meest effectieve manieren om uw taalvaardigheid te verbeteren en uw woordenschat uit te breiden. Toch kan het soms moeilijk zijn om boeiend leesmateriaal op een geschikt niveau te vinden dat een gevoel van prestatie en vooruitgang geeft. De meeste boeken en artikelen die voor moedertaalsprekers zijn geschreven, kunnen te lang zijn en moeilijk te begrijpen, of kunnen een woordenschat op zeer hoog niveau hebben, zodat u zich overweldigd voelt en het opgeeft. Als deze problemen bekend klinken, dan is dit boek iets voor jou!

Korte Verhalen in het Roemeens is een verzameling van 25 onconventionele en onderhoudende korte verhalen die zijn ontworpen om beginnende tot gemiddeld niveau Roemeens lerenden te helpen hun taalvaardigheden te verbeteren.

Deze korte verhalen creëren een ondersteunende leesomgeving door het opnemen van:

- Rijke taalkundige inhoud in verschillende genres om u te vermaken en u bloot te stellen aan een verscheidenheid van woordvormen.
- Kortere verhalen in hoofdstukken om u de voldoening te geven verhalen af te maken en snel vooruitgang te boeken.
- Teksten die op uw niveau geschreven zijn, zodat ze gemakkelijker te begrijpen zijn en niet overweldigend.
- Nederlandse vertaling op wisselende pagina's, zodat u er regel voor regel direct naar kunt verwijzen terwijl u het Roemeens verhaal leest.
- De belangrijkste woordenschat staat vetgedrukt in

het hele verhaal en de vertaling, zodat u onbekende woorden gemakkelijker kunt begrijpen.
- Begrijpelijke vragen om uw begrip van belangrijke gebeurtenissen te testen en om u aan te moedigen meer in detail te lezen.

Dus of u nu uw woordenschat wilt uitbreiden, uw begrip wilt verbeteren of gewoon voor uw plezier wilt lezen, dit boek is de grootste stap voorwaarts die u dit jaar in uw studie zult maken. Korte Verhalen in het Roemeens geeft u alle steun die u nodig hebt, dus leun achterover, ontspan, en laat uw fantasie de vrije loop terwijl u wordt meegevoerd naar een magische wereld van avontuur, mysterie en intrige - in het Roemeens!

Hoe dit boek te gebruiken

Lezen is een moeilijk talent om onder de knie te krijgen. We gebruiken een reeks microvaardigheden om ons te helpen lezen in onze moedertaal. We kunnen bijvoorbeeld een passage doornemen om een globaal idee te krijgen van waar het over gaat. Of we kammen een groot aantal bladzijden van een treindienstregeling door op zoek naar een specifieke tijd of plaats. Terwijl deze microvaardigheden een tweede natuur zijn bij het lezen in onze moedertaal, blijkt uit onderzoek dat we de meeste ervan vaak vergeten bij het lezen in een vreemde taal. Wanneer we een vreemde taal leren, beginnen we gewoonlijk bij het begin van een tekst en werken we ons een weg door de tekst, waarbij we elk woord proberen te begrijpen. Onvermijdelijk komen we onbekende of ingewikkelde termen tegen en raken we geïrriteerd door ons onvermogen om ze te begrijpen.

Een van de grootste voordelen van het lezen in een vreemde taal is dat je wordt blootgesteld aan een groot aantal zinnen en uitdrukkingen die in alledaagse situaties worden gebruikt. Extensief lezen is een term die wordt gebruikt om het lezen voor plezier aan te duiden om een taal te leren. Het is niet zoals het lezen van een tekstboek, wanneer gesprekken of teksten zijn ontworpen om langzaam en zorgvuldig te worden gelezen met het doel om elk woord te begrijpen. “Intensief lezen” verwijst naar lezen dat wordt gedaan om specifieke leerdoelen te bereiken of taken te voltooien. Anders gezegd, intensief lezen in tekstboeken helpt meestal bij het leren van grammaticaregels en bepaalde woordenschat, maar extensief lezen van verhalen helpt bij het leren van natuurlijke taal.

Korte Verhalen in het Roemeens biedt u de mogelijkheid om meer te leren over natuurlijk Roemeens taalgebruik, ook al bent u uw taalleertocht misschien begonnen met uitsluitend tekstboeken. Hier zijn een paar tips om in gedachten te houden als u de verhalen in dit boek leest om er het meeste uit te halen: Als het op lezen aankomt, zijn plezier en een gevoel van vervulling van cruciaal belang. Je blijft terugkomen voor meer omdat je geniet van wat je aan het lezen bent. Elk verhaal van begin tot eind lezen is de beste methode om plezier te beleven aan het lezen van verhalen en je volbracht te voelen. Het belangrijkste is dan ook om het einde van een verhaal te halen. Dat is eigenlijk nog belangrijker dan elk woord te kennen.

Hoe meer je leest, hoe meer kennis je zult opdoen. U zult snel een kennis hebben van hoe Roemeens werkt als u grotere boeken leest voor uw plezier. Bedenk echter wel dat u, om ten volle van de voordelen van extensief lezen te kunnen profiteren, eerst een voldoende omvangrijk boek moet lezen. Door hier en daar een paar bladzijden te lezen leert u misschien een paar nieuwe woorden, maar het zal geen significant verschil maken in uw algehele niveau van Roemeens.

Accepteer dat je niet alles zult begrijpen van wat je in een roman leest. Dit is, zonder twijfel, het meest cruciale punt! Onthoud altijd dat het volkomen aanvaardbaar is dat u niet alle woorden of zinnen begrijpt. Het betekent niet dat je taalvaardigheden ontoereikend zijn of dat je slecht presteert. Het geeft aan dat u actief betrokken bent bij het leerproces.

Leesgids

Om het meeste uit het lezen van Korte Verhalen in het Roemeens te halen, kunt u het beste dit eenvoudige leesproces in zes stappen volgen voor elk hoofdstuk van de verhalen:

1. Lees de titel van het hoofdstuk. Denk na over waar het verhaal over zou kunnen gaan. Lees dan het verhaal helemaal door. Uw doel is gewoon het einde van het verhaal te bereiken. Stop daarom niet om woorden op te zoeken en maak u geen zorgen als er dingen zijn die u niet begrijpt. Probeer gewoon de plot te volgen.

2. Wanneer u het einde van het verhaal hebt bereikt, scant u de Nederlandse vertaling om te zien of u hebt begrepen wat er is gebeurd en pikt u alle context op die u misschien hebt gemist.

3. Ga terug en lees hetzelfde verhaal opnieuw. Als u wilt, kunt u zich meer op de details van het verhaal concentreren, maar anders leest u het gewoon nog een keer door.

4. Werk vervolgens door de begripsvragen in Roemeens om te controleren of u de belangrijkste gebeurtenissen in het verhaal begrijpt. Als u de vragen niet helemaal begrijpt, hoeft u zich geen zorgen te maken. Gebruik uw kennis om zo goed mogelijk te antwoorden.

5. Op dit punt moet u de belangrijkste gebeurtenissen van het hoofdstuk enigszins begrijpen. Als dat niet het geval is, kunt u het hoofdstuk een paar keer herlezen, waarbij u de vertaling gebruikt om onbekende woorden en zinnen te controleren, totdat u zich zeker voelt.

Zodra u klaar bent en zeker weet dat u begrijpt wat er is gebeurd - of dat nu na één lezing van het verhaal is of na meerdere - gaat u verder met het volgende verhaal en geniet u verder van het verhaal in uw eigen tempo, net zoals u van elk ander boek zou genieten.

Pas als u een verhaal in zijn geheel hebt uitgelezen, moet u overwegen terug te gaan en de verhaaltaal desgewenst verder uit te diepen. Of in plaats van u zorgen te maken of u alles begrijpt, de tijd te nemen om u te concentreren op alles wat u hebt begrepen en uzelf te feliciteren met alles wat u hebt gedaan.

Korte Verhalen

in het Roemeens

Mihai Fieraru

București

Ioniță Ștefănescu este o **tânără care** tocmai s-a mutat din satul ei mic de la țară în București. Este entuziasmată să înceapă o nouă viață în marele oraș, dar descoperă rapid că nu este atât de ușor pe cât credea că va fi. Ioniță își găsește un **loc de muncă** la o piață locală, dar orele lungi și salariul mic îi fac greu să se descurce. Începe să se simtă ca și cum ar fi **blocată** într-o rutină și se întreabă dacă nu cumva există mai mult decât atât în viață. Într-o zi, Ioniță întâlnește o femeie pe nume Lila, care îi povestește despre un club **clandestin** numit Blue Moon, unde oamenii merg să danseze, să bea și să se distreze fără să se îngrijoreze de lumea exterioară. Ionita este intrigată de această idee și decide să meargă să vadă și ea The Blue Moon într-o seară, după serviciu.

Ioniță este nervoasă în timp ce se îndreaptă spre Luna Albastră, **neștiind la** ce să se aștepte. Dar imediat ce intră înăuntru, știe că o să se distreze. Clubul este întunecat și misterios, cu lumini albastre care luminează **ringul de dans**. Ioniță se simte ca și cum ar fi fost transportată într-o altă lume. Începe să danseze și uită de toate problemele ei. Pentru prima dată după luni de zile, se simte **vie** și fericită. Dansează toată noaptea și își face noi prieteni care îi împărtășesc dragostea

Boekarest

Ionita Stefanescu is een jonge **vrouw** die net van haar kleine dorp op het platteland naar Boekarest is verhuisd. Ze is opgewonden om haar nieuwe leven in de grote stad te beginnen, maar ze ontdekt al snel dat het niet zo gemakkelijk is als ze dacht. Ionita krijgt een **baan** op een plaatselijke markt, maar de lange werktijden en het lage loon maken het moeilijk voor haar om rond te komen. Ze begint het gevoel te krijgen dat ze **vastzit** in een sleur en vraagt zich af of er meer is in het leven dan dit. Op een dag ontmoet Ionita een vrouw genaamd Lila, die haar vertelt over een **ondergrondse** club genaamd The Blue Moon, waar mensen naartoe gaan om te dansen, te drinken en plezier te hebben zonder zich zorgen te maken over de buitenwereld. Ionita is geïntrigeerd door dit idee en besluit om op een avond na het werk zelf een kijkje te gaan nemen in The Blue Moon.

Ionita is nerveus als ze naar The Blue Moon loopt, **onzeker** over wat ze kan verwachten. Maar zodra ze binnenstapt, weet ze dat haar een leuke tijd te wachten staat. De club is donker en mysterieus, met blauwe lichten die de **dansvloer** verlichten. Ionita voelt zich alsof ze naar een andere wereld is getransporteerd. Ze begint te dansen en vergeet al haar problemen. Voor

pentru muzică și **dans**.

A doua zi, Ioniță se trezește odihnit și revigorat. Ea decide să renunțe la slujba de la piață și să înceapă să exploreze mai mult Bucureștiul, acum că știe că viața înseamnă mult mai mult decât să muncească toată ziua. Ioniță descoperă că Bucureștiul este un oraș plin de istorie, **cultură** și viață de noapte. Își petrece zilele **explorând** diferitele cartiere și învățând despre oamenii care locuiesc acolo. De asemenea, începe să învețe mai multe despre ea însăși și despre ceea ce își dorește de la viață. Un an mai târziu, Ioniță este o persoană complet diferită față de cum era atunci când a ajuns pentru prima dată în București. Este încrezătoare, fericită și și-a găsit locul în **lume**. De fiecare dată când se gândește la vechea ei viață din **sat, i se** pare că a trecut o viață. Ioniță știe că Bucureștiul este acum casa ei și că nu ar vrea să plece niciodată.

het eerst in maanden voelt ze zich **levend** en gelukkig. Ze danst de hele nacht door en maakt nieuwe vrienden die haar liefde voor muziek en **dansen delen**.

De volgende dag wordt Ionita fris en verkwikt wakker. Ze besluit haar baan op de markt op te zeggen en Boekarest meer te gaan verkennen, nu ze weet dat er zoveel meer is in het leven dan alleen maar de hele dag werken. Ionita ontdekt dat Boekarest een stad is vol geschiedenis, **cultuur** en nachtleven. Ze brengt haar dagen door met **het verkennen van** de verschillende wijken en het leren over de mensen die er wonen. Ze begint ook meer over zichzelf te leren en wat ze van het leven wil. Een jaar later is Ionita een heel ander mens dan toen ze voor het eerst in Boekarest aankwam. Ze is zelfverzekerd, gelukkig en heeft haar plaats in de **wereld** gevonden. Als ze terugdenkt aan haar oude dorpsleven, voelt dat als een leven geleden. Ionita weet dat Boekarest nu haar thuis is en dat ze er nooit meer weg zou willen.

Întrebări de înțelegere

1. Cum se numește clubul la care merge Ionită?

2. Care este culoarea principală a clubului?

3. Cum se simte Ionită atunci când se află în club?

4. Cu cine se întâlnește Ionită la club?

5. Ce îi spune Lila lui Ionită despre club?

6. Cum se simte Ionită când se trezește a doua zi?

7. Ce face Ionită după ce își dă demisia?

8. Cum este un an mai târziu pentru Ionită?

9. Ce părere are Ionită despre viața din sat?

10. Unde este casa lui Ionită?

Begrip vragen

1. Wat is de naam van de club waar Ionita naartoe gaat ?

2. Wat is de hoofdkleur van de club?

3. Hoe voelt Ionita zich als ze in de club is?

4. Wie ontmoet Ionita in de club?

5. Wat vertelt Lila aan Ionita over de club?

6. Hoe voelt Ionita zich als ze de volgende dag wakker wordt?

7. Wat doet Ionita nadat ze haar baan heeft opgezegd?

8. Hoe is het een jaar later voor Ionita?

9. Wat vindt Ionita van haar dorpsleven?

10. Waar is Ionita's huis ?

Munții Carpați

Munții Carpați sunt un loc **frumos**, dar periculos. Eu și familia mea făceam o drumeție prin ei când am auzit deodată un zgomot puternic. Părea că ceva vine spre noi! Ne-am ascuns repede după niște **stânci**, dar orice ar fi fost, ne-a găsit. S-a dovedit a fi un urs mare! Ursul a început să ne atace și a trebuit să ne luptăm pentru viețile noastre. Din fericire, am reușit să ucidem ursul înainte ca acesta să ne facă vreun **rău serios.** Cu toate acestea, această experiență mi-a lăsat un respect profund pentru pericolele din Munții Carpați. Eu și familia mea făceam o drumeție prin Munții Carpați când am auzit **brusc** un zgomot puternic. Părea că ceva vine spre noi!

Ne-am ascuns repede după niște pietre, dar orice ar fi fost, ne-a găsit. S-a dovedit a fi un urs mare! Ursul a început să ne atace și a trebuit să ne **luptăm** pentru viețile noastre. Din fericire, am reușit să ucidem ursul înainte ca acesta să ne facă vreun rău serios. Cu toate acestea, această experiență mi-a lăsat un **respect** profund pentru pericolele din Munții Carpați. După întâlnirea cu ursul, am decis să ne întoarcem. Eram cu toții zdruncinați și nu am vrut să ne asumăm niciun risc. În timp ce începeam să ne îndreptăm spre **munte, am auzit un** alt zgomot. De data aceasta, părea că cineva

Karpaten

De Karpaten zijn een **mooie** maar gevaarlijke plek. Mijn familie en ik waren er aan het wandelen toen we plotseling een hard geluid hoorden. Het klonk alsof er iets op ons af kwam! We verstopten ons snel achter wat **rotsen**, maar wat het ook was, het vond ons. Het bleek een grote beer te zijn! De beer begon ons aan te vallen, en we moesten vechten voor ons leven. Gelukkig konden we de beer doden voordat hij ons ernstige **schade** kon toebrengen. Deze ervaring heeft me echter wel een diep respect voor de gevaren van de Karpaten bijgebracht. Mijn familie en ik waren aan het wandelen door de Karpaten toen we **plotseling** een hard geluid hoorden. Het klonk alsof er iets op ons afkwam!

We verstopten ons snel achter wat rotsen, maar wat het ook was, het vond ons. Het bleek een grote beer te zijn! De beer begon ons aan te vallen, en we moesten **vechten** voor ons leven. Gelukkig konden we de beer doden voordat hij ons ernstige schade kon toebrengen. Deze ervaring heeft mij echter een diep **respect** voor de gevaren van de Karpaten bijgebracht. Na onze ontmoeting met de beer, besloten we om te keren. We waren allemaal door elkaar geschud en wilden geen enkel risico nemen. Toen we de **berg begonnen af te dalen**, hoorden we weer een geluid. Deze keer klonk

plângea. Am urmărit sunetul și am găsit o fetiță care se **rătăcise**.

Era îngrozită și plină de zgârieturi de la alergarea în tufișuri. Am liniștit-o și am ajutat-o să găsească drumul înapoi spre siguranță. Munții Carpați sunt un loc frumos, dar pot fi foarte **periculoşi** dacă nu eşti atent. În cele din urmă am reușit să ne întoarcem la **mașină** și am plecat din Munții Carpați. A fost la limită, dar am fost cu toții în siguranță. Nu voi uita niciodată ce s-a întâmplat **în timpul** drumeției noastre și voi fi mereu **recunoscător că am reușit să** scăpăm cu viață. Munții Carpați sunt un loc frumos, dar sunt și foarte periculoși. Dacă vă aflați vreodată în munți, asigurați-vă că rămâneți în alertă și urmăriți orice semn de pericol.

het alsof iemand aan het huilen was. We volgden het geluid en vonden een klein meisje dat **verdwaald was**.

Ze was doodsbang en zat onder de schrammen omdat ze de bosjes in was gerend. We troostten haar en hielpen haar de weg terug te vinden. De Karpaten zijn een prachtige plek, maar ze kunnen erg **gevaarlijk zijn** als je niet voorzichtig bent. Uiteindelijk kwamen we terug bij onze **auto** en reden we weg van de Karpaten. Het was op het nippertje, maar we waren allemaal veilig. Ik zal nooit vergeten wat er **tijdens** onze wandeling is gebeurd, en ik zal altijd **dankbaar** zijn dat we het er levend vanaf hebben gebracht. De Karpaten zijn een prachtige plek, maar ze zijn ook erg gevaarlijk. Als je ooit in de bergen bent, blijf dan alert en let op tekenen van gevaar.

Întrebări de înțelegere

1. Ce spune autorul despre Munții Carpați?

2. Ce s-a întâmplat când familia era în drumeție?

3. Care a fost zgomotul pe care l-au auzit?

4. Ce au găsit când au urmărit zgomotul?

5. De ce s-a pierdut fetița?

6. Cum s-a simțit familia când a ajuns înapoi la mașină?

7. Care este părerea generală a autorului despre Munții Carpați?

8. Ce sfat le dă autorul oamenilor care se află în munți?

9. Ce s-ar fi putut întâmpla dacă familia nu ar fi reușit să omoare ursul?

10. Ce credeți că își va aminti cel mai mult autorul despre drumeția sa?

Begrip vragen

1. Wat zegt de auteur over de Karpaten?

2. Wat gebeurde er toen de familie aan het wandelen was?

3. Wat was het geluid dat ze hoorden?

4. Wat hebben ze gevonden toen ze het geluid volgden?

5. Waarom was het kleine meisje verdwaald?

6. Hoe voelde de familie zich toen ze terug bij de auto waren?

7. Wat is het algemene oordeel van de auteur over de Karpaten?

8. Welk advies geeft de schrijver aan mensen die zich in de bergen bevinden?

9. Wat had er kunnen gebeuren als de familie er niet in geslaagd was de beer te doden?

10. Wat denk je dat de auteur zich het meest zal herinneren van hun wandeling?

Sarmale

Era o zi rece de iarnă în București, iar **zăpada** cădea ușor din cer. Românii adoră sarmalele, un fel de mâncare tradițională din frunze de **varză** umplute cu carne de porc și orez. La fel și eu. Bunica mea făcea cea mai bună sarmale din lume. Ori de câte ori o vizitam, avea întotdeauna o oală de sarmale care fierbea pe aragaz, gata să fie devorată de familia ei iubitoare. Dar astăzi, nu mai există sarmale pentru mine. Indiferent cât de mult o implor și o rog pe bunica mea, ea refuză să mi-l facă. Spune că este prea bătrână și că nu mai are **puterea** de a-l face. Dezamăgit, mă târăsc înapoi acasă prin zăpadă, cu stomacul mârâind tot drumul. Ajung acasă și o găsesc pe mama în **bucătărie,** gătindu-mi o furtună.

Mirosul delicios de sarmale umple aerul, iar mie îmi vine instantaneu apa în **gură.** Se pare că a făcut suficient pentru o armată! Când o întreb de ce a gătit atât de mult, zâmbește pur și simplu și spune că știe cât de mult îmi place sarmale și a vrut să se asigure că am ce **mânca**. Mulțumindu-i din belșug, mă arunc în oala de sarmale și **devorez** cât de multe pot. Sunt absolut delicioase! Cu fiecare îmbucătură, pot simți dragostea și grija bunicii mele. Chiar dacă nu mai este printre noi, spiritul ei continuă să trăiască prin acest minunat

Sarmale

Het was een koude winterdag in Boekarest en de **sneeuw viel** zachtjes uit de hemel. Roemenen zijn dol op hun sarmale, een traditioneel gerecht van koolbladeren gevuld met varkensvlees en rijst. En ik ook. Mijn grootmoeder maakte altijd de beste sarmale ter wereld. Als ik haar bezocht, stond er altijd een pot sarmale te pruttelen op het fornuis, klaar om te worden verorberd door haar liefhebbende familie. Maar vandaag, is er geen sarmale voor mij. Hoeveel ik ook smeek en smeek bij mijn grootmoeder, ze weigert het voor mij te maken. Ze zegt dat ze te oud is en de **kracht niet** meer heeft om het te maken. Teleurgesteld sjok ik door de sneeuw terug naar huis, mijn maag knort de hele weg. Ik kom thuis en vind mijn moeder in de **keuken**, een storm aan het koken.

De heerlijke geur van sarmale vult de lucht en mijn **mond** begint onmiddellijk te watertanden. Het lijkt wel of ze genoeg heeft gemaakt voor een heel leger! Als ik haar vraag waarom ze zoveel heeft gekookt, glimlacht ze alleen maar en zegt dat ze weet hoeveel ik van sarmale hou en dat ze zeker wilde zijn dat ik genoeg te **eten** had. Terwijl ik haar hartelijk bedank, duik ik in de pot met sarmale en **verslind** er zoveel ik kan. Ze zijn absoluut heerlijk! Bij elke hap proef ik de liefde en de

fel de mâncare. În fiecare iarnă, îmi propun să vizitez **mormântul** bunicii mele și să am o oală de sarmale care să fiarbă la foc mic pe aragaz, așa cum făcea ea. Este modul meu de a-i cinsti memoria și de a o păstra vie în **inimile** noastre.

În timp ce mă așez să mă bucur de un alt bol delicios de sarmale, nu pot să nu zâmbesc, știind că, deși a murit, moștenirea ei continuă să trăiască prin acest fel de mâncare pe care îl iubim cu toții atât de mult. Sarmale nu este doar un **fel de mâncare,** este o parte din ceea ce suntem. Este o parte din cultura și **istoria noastră**. Și va continua să fie transmisă din generație în generație, aducându-ne pe toți împreună în acest proces. Așadar, data viitoare când vă veți bucura de un **bol** de sarmale, gândiți-vă un moment la cei care au venit înaintea noastră și au făcut din acest fel de mâncare ceea ce este astăzi. Și aceasta este povestea sarmalei. Un fel de **mâncare** care este mult mai mult decât o simplă **mâncare**. Este o parte din identitatea noastră și va continua să ne aducă pe toți **împreună în** anii ce vor urma.

zorgzaamheid van mijn grootmoeder. Ook al is ze niet meer onder ons, haar geest leeft voort in dit heerlijke gerecht. Elke winter maak ik er een punt van om **het** graf van mijn grootmoeder te bezoeken en een pot sarmale op het fornuis te laten pruttelen, net zoals zij vroeger deed. Het is mijn manier om haar te eren en haar levend te houden in onze **harten**.

Terwijl ik zit te genieten van weer een heerlijke kom sarmale, kan ik niet anders dan glimlachen, wetende dat ook al is ze er niet meer, haar nalatenschap voortleeft door dit gerecht waar we allemaal zo van houden. Sarmale is niet zomaar een **gerecht**, het is een deel van wie we zijn. Het is een deel van onze cultuur en onze **geschiedenis**. En het zal van generatie op generatie worden doorgegeven, en ons allemaal samenbrengen in dit proces. Dus de volgende keer dat u gaat zitten om te genieten van een **kom** sarmale, neem dan even de tijd om te denken aan degenen die ons zijn voorgegaan en dit gerecht hebben gemaakt tot wat het vandaag de dag is. En dat is het verhaal van sarmale. Een gerecht dat zo veel meer is dan alleen maar **eten**. Het is een deel van onze identiteit en het zal ons nog jaren blijven **samenbrengen**.

Întrebări de înțelegere

1. Ce este sarmale?

2. Care este umplutura tradițională pentru sarmale?

3. De ce bunica protagonistului nu face sarmale astăzi?

4. Ce simte protagonistul atunci când simte mirosul de sarmale gătite acasă?

5. De ce mama protagonistului făcea atât de multă sarmale?

6. Cum se simte protagonistul după ce mănâncă sarmale?

7. Care este planul protagonistului pentru a onora memoria bunicii sale?

8. Care este semnificația sarmalei în cultura românească?

9. Cum se transmite sarmalele din generație în generație?

10. Despre ce este vorba în povestea lui sarmale?

Begrip vragen

1. Wat is sarmale?

2. Wat is de traditionele vulling voor sarmale?

3. Waarom maakt de grootmoeder van de hoofdpersoon vandaag geen sarmale?

4. Hoe voelt de hoofdpersoon zich als hij ruikt dat er thuis sarmale gekookt wordt?

5. Waarom maakte de moeder van de hoofdpersoon zoveel sarmale?

6. Hoe voelt de hoofdpersoon zich na het eten van sarmale?

7. Wat is het plan van de hoofdpersoon om de nagedachtenis van zijn grootmoeder te eren?

8. Wat is de betekenis van sarmale in de Roemeense cultuur?

9. Hoe wordt sarmale van generatie op generatie doorgegeven?

10. Waar gaat het verhaal van sarmale over?

Constantin Brâncuși

Constantin Brâncuși s-a născut în 1876 în România. A crescut înconjurat de **frumoșii** Munți Carpați și de Marea Neagră. De la o vârstă fragedă, a manifestat interes pentru artă și a fost încurajat de familia sa să o urmeze. După ce a terminat liceul, s-a înscris la Școala de Arte Frumoase din București, unde a studiat timp de doi ani înainte de a se **muta la** Paris în 1900. Acolo, și-a continuat studiile la École des Beaux-Arts și și-a dezvoltat rapid un stil propriu și unic, care îl va transforma într-unul dintre cei mai importanți sculptori ai secolului XX. **Opera** lui Brâncuși se caracterizează prin simplitate și abstractizare. Scopul său a fost de a surprinde esența subiecților săi mai degrabă decât aspectul lor **fizic.** Acest lucru poate fi observat în lucrări precum "Sărutul", care înfățișează doi îndrăgostiți care se îmbrățișează fără nicio trăsătură facială, sau "Pasăre în spațiu", care prezintă o pasăre cu aripile întinse, dar fără picioare sau pene de coadă.

Deși aceste sculpturi pot părea **simple** la prima vedere, ele sunt de fapt destul de complexe și necesită o mare îndemânare pentru a fi create. De-a lungul carierei sale, Brâncuși a experimentat cu diferite materiale și **tehnici**. A folosit adesea marmură sau lemn pentru sculpturile tradiționale, dar a lucrat, de asemenea, cu bronz, metal,

Constantin Brancusi

Constantin Brancusi werd in 1876 in Roemenië geboren. Hij groeide op omringd door de **prachtige** Karpaten en de Zwarte Zee. Van jongs af aan toonde hij belangstelling voor kunst en werd hij door zijn familie aangemoedigd om hiermee door te gaan. Na de middelbare school schreef hij zich in aan de School voor Schone Kunsten in Boekarest, waar hij twee jaar studeerde voordat hij in 1900 naar Parijs vertrok. Daar zette hij zijn studie voort aan de École des Beaux-Arts en ontwikkelde al snel zijn eigen unieke stijl die hem tot een van de belangrijkste beeldhouwers van de 20e eeuw zou maken. Brancusi's **werk wordt gekenmerkt** door zijn eenvoud en abstractie. Zijn doel was om de essentie van zijn onderwerpen vast te leggen in plaats van hun **fysieke** verschijning. Dit is te zien in werken als "De Kus", die twee geliefden afbeeldt die elkaar zonder gelaatstrekken omhelzen, of "Vogel in de Ruimte", die een vogel toont met uitgestrekte vleugels maar zonder poten of staartveren.

Hoewel deze sculpturen op het eerste gezicht **eenvoudig lijken**, zijn ze in werkelijkheid vrij complex en vereisen ze een grote vaardigheid om te maken. Gedurende zijn hele carrière experimenteerde Brancusi met verschillende materialen en **technieken**.

piatră și chiar sticlă, **ocazional**. Pe lângă sculptură, s-a mai ocupat și de pictură și fotografie, deși niciunul dintre aceste medii nu i-a captat vreodată imaginația așa cum a făcut-o **sculptura.** Indiferent de materialul cu care lucra sau de tehnica pe care o folosea, Brâncuși a urmărit întotdeauna perfecționismul, atât din punct de vedere estetic, cât și tehnic. O poveste interesantă despre Constantin Brâncuși implică Coloana fără sfârșit, una dintre cele mai **faimoase** sculpturi ale sale.

Versiunea originală era formată din 16 secțiuni **identice** suprapuse, dar atunci când a fost instalată în aer liber , doar 14 au putut fi folosite, deoarece erau prea înalte. Așa că, în schimb , Brancusis a tăiat două secțiuni de jos, făcându-le mai scurte decât toate cele de deasupra lor. Acest lucru a **creat** o iluzie optică prin care Coloana Fără Sfârșit părea mult mai înaltă decât era de fapt atunci când era privită de la distanță; toate cele 16 **secțiuni** păreau a fi încă intacte, în ciuda faptului că au fost tăiate fizic. Constantin Brâncuși a murit în 1957, la vârsta de 81 de ani. A fost incinerat, iar cenușa sa a fost împrăștiată în jurul Coloanei fără sfârșit , pe care o considera cea mai importantă lucrare a sa. Astăzi, sculpturile sale pot fi găsite în muzee din întreaga lume și continuă să **inspire** artiști din toate mediile.

Hij gebruikte vaak marmer of hout voor traditionele beeldhouwwerken, maar werkte ook met brons, metaal, steen en **soms** zelfs glas. Naast beeldhouwen hield hij zich ook bezig met schilderen en fotografie, hoewel geen van beide media ooit zo tot zijn verbeelding sprak als **beeldhouwen**. Ongeacht met welk materiaal hij werkte of welke techniek hij gebruikte, Brancusi streefde altijd naar perfectionisme, zowel esthetisch als technisch gezien. Een interessant verhaal over Constantin Brancusi betreft De eindeloze zuil, een van zijn **beroemdste** sculpturen.

De oorspronkelijke versie bestond uit 16 **identieke** secties die op elkaar gestapeld waren, maar toen het buiten werd geïnstalleerd, konden er slechts 14 worden gebruikt omdat ze te hoog waren. In plaats daarvan sneed Brancusis twee secties van de onderkant af, waardoor ze korter werden dan alle secties erboven. Dit **creëerde** een optische illusie waarbij de Eindeloze Zuil van veraf gezien veel hoger leek dan hij in werkelijkheid was; alle 16 **secties** leken nog intact ondanks dat ze fysiek uit elkaar waren gehaald. Constantin Brancusi stierf in 1957 op de leeftijd van 81 jaar. Hij werd gecremeerd en zijn as werd uitgestrooid rond De Eindeloze Zuil , dat hij beschouwde als zijn belangrijkste werk. Vandaag de dag zijn zijn beeldhouwwerken te vinden in musea over de hele wereld en blijven ze kunstenaars van alle media inspireren.

Întrebări de înțelegere

1. Unde s-a născut Constantin Brâncuși?

2. Care a fost mediul de lucru ales de Constantin Brâncuși?

3. Cum se numea una dintre cele mai cunoscute sculpturi ale lui Constantin Brâncuși?

4. Ce a făcut Constantin Brâncuși cu cenușa sa după ce a murit?

5. Care a fost scopul lui Constantin Brâncuși cu sculpturile sale?

6. Ce școală a urmat Constantin Brâncuși pentru educația sa artistică?

7. În ce an s-a mutat Constantin Brâncuși la Paris?

8. Ce tip de sculptură este “Sărutul”?

9. Din ce era compusă versiunea originală a Coloanei fără sfârșit?

10. Cum a reușit Constantin Brâncuși să facă Coloana fără sfârșit să pară mai înaltă decât este în realitate?

Begrip vragen

1. Waar werd Constantin Brancusi geboren?

2. Wat was het medium van Constantin Brancusi's keuze?

3. Wat was de naam van een van de beroemdste beeldhouwwerken van Constantin Brancusi?

4. Wat deed Constantin Brancusi met zijn as na zijn dood?

5. Wat was het doel van Constantin Brancusi met zijn beeldhouwwerken?

6. Naar welke school ging Constantin Brancusi voor zijn kunstopleiding?

7. In welk jaar verhuisde Constantin Brancusi naar Parijs?

8. Wat voor beeldhouwwerk is "De Kus"?

9. Waaruit bestond de oorspronkelijke versie van The Endless Column?

10. Hoe heeft Constantin Brancusi de Eindeloze Zuil groter doen lijken dan hij in werkelijkheid was?

Urșii bruni

Ursul brun era foarte obosit. **Mergea** de zile întregi, de când văzuse în depărtare incendiul uriaș de pădure. Flăcările erau din ce în ce mai aproape, iar ursul știa că trebuie să găsească un loc sigur unde să se ascundă. În cele din urmă, după ceea ce părea o veșnicie, ursul a dat peste o peșteră **mică.** Era suficient de mare pentru el și s-a târât repede înăuntru. Peștera era întunecată și mucegăită, dar era **mai bine** decât afară, unde fumul de la foc îl făcea să respire cu greu. Ursul s-a ghemuit într-un ghem și a încercat să doarmă. Următorul lucru pe care ursul l-a observat a fost că a fost scuturat și trezit. A deschis ochii groggy și a văzut un grup de oameni care **stăteau în fața** lui. Cu toții purtau haine ciudate și aveau rucsacuri mari în spate. Ursul nu știa ce erau, dar nu-i plăcea cum arătau.

Unul dintre oameni a făcut un pas înainte și a spus **ceva** într-o limbă pe care ursul nu o putea înțelege. Dar după tonul vocii sale, părea că întreabă dacă ursul este bine. Ursul s-a holbat la el pentru o clipă înainte de a da încet din cap "da". Omul a zâmbit și le-a făcut semn celorlalți să își **lase jos** rucsacurile. Aceștia au făcut cum le-a spus și apoi s-au așezat ei înșiși, scoțând ceva **mâncare** din saci. După câteva minute, unul dintre ei a ridicat o bucată de carne spre urs și i-a făcut

Bruine beren

De bruine beer was erg moe. Hij had al dagen **gelopen**, sinds hij in de verte de grote bosbrand had gezien. De vlammen kwamen steeds dichterbij, en de beer wist dat hij een veilige schuilplaats moest vinden. Eindelijk, na wat voelde als een eeuwigheid, kwam de beer een **kleine** grot tegen. Het was net groot genoeg voor hem om er in te passen, en hij kroop snel naar binnen. De grot was donker en muf, maar het was **beter** dan buiten zijn, waar de rook van het vuur het moeilijk maakte om te ademen. De beer krulde zich op tot een bal en probeerde wat te slapen. Het volgende wat de beer wist, was dat hij wakker werd geschud. Hij opende suf zijn ogen en zag een groep mensen voor hem **staan**. Ze droegen allemaal vreemde kleren en hadden grote pakken op hun rug. De beer wist niet wat het waren, maar hun uiterlijk beviel hem niet.

Een van de mensen stapte naar voren en zei **iets** in een taal die de beer niet verstond. Maar aan de toon van zijn stem te horen, klonk het alsof hij vroeg of de beer in orde was. De beer staarde hem een ogenblik aan en knikte toen langzaam “ja”. De mens glimlachte en gebaarde de anderen hun rugzakken **neer te leggen**. Ze deden wat hij zei en gingen zelf ook zitten, terwijl ze wat **eten** uit hun tassen haalden. Na een paar

semn să se apropie. Tentativ, ursul a făcut câțiva pași înainte și a mirosit mâncarea oferită înainte de a o lua cu grijă în gură. Trecuseră câteva zile de când ursul îi întâlnise pentru prima dată pe oameni. Rămăsese cu ei în **peștera** lor, iar aceștia îi dăduseră chiar și un nume: Smokey. Oamenii erau buni cu el, iar lui Smokey îi plăcea să fie în preajma lor.

De multe ori îi dădeau de mâncare, iar uneori ajungea chiar să **doarmă** în patul lor! Dar astăzi, ceva a fost diferit. Oamenii își împachetau repede lucrurile, iar Smokey putea simți că erau **speriați** de ceva. Nu a durat mult până când ursul a aflat ce se întâmplă. Un alt grup de oameni - acesta purtând haine închise la culoare și având arme - a intrat în peșteră. Smokey nu știa ce se întâmpla, dar își dădea seama că primul grup de oameni era în pericol. Fără să mai stea pe **gânduri, a atacat cel** de-al doilea grup de oameni, mârâind cu ferocitate în timp ce făcea acest lucru. Ceilalți oameni au fost luați prin surprindere de atacul brusc și au fugit cât de repede au putut, lăsându-și **camarazii** răniți în urmă în graba lor de a scăpa. Smokey a stat protector deasupra oamenilor căzuți până când au sosit ajutoarele pentru a-i lua de acolo. Știa că nu-i va mai vedea vreodată , dar spera că vor fi **bine**.

minuten hield een van hen een stuk vlees omhoog naar de beer en gebaarde dat hij dichterbij moest komen. Aarzelend deed de beer een paar stappen naar voren en snuffelde aan het aangeboden voedsel voordat hij het voorzichtig in zijn mond nam. Het was al een paar dagen geleden dat de beer de mensen voor het eerst had ontmoet. Hij was bij hen gebleven in hun **grot**, en zij hadden hem zelfs een naam gegeven: Smokey. De mensen waren aardig voor hem, en Smokey vond het fijn om bij hen te zijn.

Ze gaven hem vaak te eten, en soms mocht hij zelfs in hun bed **slapen**! Maar vandaag was er iets anders. De mensen pakten hun spullen snel in, en Smokey kon voelen dat ze ergens bang voor waren. Het duurde niet lang voordat de beer erachter kwam wat er aan de hand was. Een andere groep mensen - deze droeg donkere kleren en wapens - kwam de grot binnen. Smokey wist niet wat er gebeurde, maar hij kon zien dat de eerste groep mensen in gevaar was. Zonder verder **na te denken**, viel hij de tweede groep mensen aan, en gromde hevig terwijl hij dat deed. De andere mensen waren verrast door de plotselinge aanval en renden zo snel als ze konden weg, hun gewonde **kameraden** achterlatend in hun haast om te ontsnappen. Smokey stond beschermend over de gevallen mensen totdat hulp arriveerde om ze weg te brengen. Hij wist dat hij ze nooit meer zou zien, maar hij hoopte dat het **goed met ze zou gaan**.

Întrebări de înțelegere

1. Ce a văzut ursul brun în depărtare care l-a făcut să înceapă să meargă?

2. Ce a simțit ursul când i-a văzut prima dată pe oameni?

3. Ce au făcut oamenii când al doilea grup de oameni a intrat în peșteră?

4. De ce primul grup de oameni și-a lăsat în urmă camarazii răniți?

5. Ce părere a avut ursul brun despre oameni după ce a petrecut ceva timp cu ei?

6. Cum arăta cel de-al doilea grup de oameni?

7. Ce a făcut primul grup de oameni când a văzut al doilea grup de oameni?

8. Ce a făcut ursul brun când a văzut al doilea grup de oameni?

9. Când i-a întâlnit ursul brun prima dată pe oameni?

10. Ce era diferit la oameni când Smokey i-a văzut împachetându-și lucrurile?

Begrip vragen

1. Wat zag de bruine beer in de verte waardoor hij begon te lopen?

2. Wat vond de beer van de mensen toen hij ze voor het eerst zag?

3. Wat deden de mensen toen de tweede groep mensen de grot binnenkwam?

4. Waarom liet de eerste groep mensen hun gewonde kameraden achter?

5. Wat vond de bruine beer van de mensen nadat hij wat tijd met hen had doorgebracht?

6. Hoe zag de tweede groep mensen eruit?

7. Wat deed de eerste groep mensen toen zij de tweede groep mensen zagen?

8. Wat deed de bruine beer toen hij de tweede groep mensen zag?

9. Wanneer ontmoette de bruine beer de mensen voor het eerst?

10. Wat was er anders aan de mensen toen Smokey ze hun spullen zag pakken?

Castelul Bran

Soarele abia începuse să apună când Castelul Bran a intrat în vizor. Era o priveliște frumoasă, cocoțat în vârful unui **deal** în mijlocul Transilvaniei. Cerul era plin de culoare, iar castelul părea să strălucească în lumină. Pe măsură ce se apropiau, grupul a putut vedea că porțile erau deschise și nu părea să fie nimeni în jur. Au ezitat o clipă, dar apoi au decis să intre înăuntru. După ce au **intrat, au** început să exploreze castelul. Era sinistru de liniștit și nu părea să existe semne de **viață** nicăieri. Și-au dat seama curând că nu erau singuri, totuși, când au auzit pași venind de la etaj. Mai era cineva în castel! S-au îndreptat cu precauție spre **etaj**, urmând pașii. În curând au ajuns la o ușă care era ușor **întredeschisă**.

Aruncând o privire înăuntru, au văzut pe cineva stând în fața unei **ferestre,** privind soarele care apunea. Persoana s-a întors și au văzut că era o femeie în vârstă. Avea o față blândă și a **zâmbit** când i-a văzut. Le-a făcut semn să intre și s-a prezentat ca fiind contesa Dracula. Le-a spus că soțul ei, Vlad Țepeș, murise de mulți ani, dar ea încă mai locuia în castel pentru că acesta îi purta atâtea amintiri. Contesa Dracula le-a arătat grupului împrejurimile **castelului** și le-a spus povești despre istoria acestuia. Ea a vorbit

Kasteel Bran

De zon begon net onder te gaan toen Bran Castle in zicht kwam. Het was een prachtig gezicht, op de top van een **heuvel** in het midden van Transsylvanië. De lucht was badend in kleuren, en het kasteel leek te gloeien in het licht. Toen ze naderden, zag de groep dat de poorten open stonden en dat er niemand in de buurt leek te zijn. Ze aarzelden even, maar besloten toen toch naar binnen te gaan. Toen ze eenmaal **binnen** waren, begonnen ze het kasteel te verkennen. Het was er griezelig stil en er leken nergens tekenen van **leven te** zijn. Ze merkten echter al snel dat ze niet alleen waren, toen ze voetstappen hoorden die van boven kwamen. Er was nog iemand in het kasteel! Voorzichtig gingen ze naar **boven** en volgden de voetstappen. Al snel kwamen ze bij een deur die **op een** kleine **kier stond**.

Toen ze naar binnen gluurden, zagen ze iemand voor een **raam** staan, die naar buiten keek naar de ondergaande zon. De figuur draaide zich om, en ze zagen dat het een oude vrouw was. Ze had een vriendelijk gezicht, en ze **glimlachte** toen ze hen zag. Ze wenkte hen binnen te komen en stelde zich voor als gravin Dracula. Ze vertelde hen dat haar man, Vlad Tepes, al vele jaren dood was, maar dat ze nog steeds in het kasteel woonde omdat het zoveel

despre Vlad Țepeș cu mare dragoste și admirație, chiar dacă era cunoscut ca un conducător crud. Când a început să se facă noapte, i-a invitat să rămână la **cină**.

În timpul cinei, contesa i-a întrebat dacă vor să audă una dintre poveștile **preferate ale** lui Vlad... Povestea despre cum a fost înjunghiat. Toți au fost de acord că le-ar plăcea să o audă! Așa că contesa a început... "Totul a început într-o noapte întunecată, exact ca aceasta." Pe măsură ce contesa își continua povestea, **grupul** devenea din ce în ce mai **captivat**. Aproape că îl puteau vedea pe Vlad Țepeș în fața lor, împungându-și dușmanii în țepușe. Era o poveste macabră, dar fascinantă. Când povestea s-a terminat, toată lumea i-a mulțumit contesei pentru că a împărtășit-o cu ei. I-au urat **noapte bună** și s-au retras în camerele lor. În timp ce se aflau în pat, au putut auzi în **depărtare** urletul lupilor.

herinneringen voor haar had. Gravin Dracula leidde de groep rond in het **kasteel** en vertelde hen verhalen over de geschiedenis ervan. Ze sprak met veel liefde en bewondering over Vlad Tepes, ook al stond hij bekend als een wrede heerser. Toen de avond begon te vallen, nodigde ze hen uit om te blijven **eten**.

Tijdens het diner vroeg de gravin of ze een van Vlad's **favoriete** verhalen wilden horen... Het verhaal van hoe hij gespietst werd. Iedereen was het er mee eens dat ze het graag wilden horen! Dus de gravin begon... "Het begon allemaal op een donkere nacht, net als deze." Terwijl de gravin haar verhaal vervolgde, raakte de **groep** meer en meer **geboeid**. Ze konden Vlad Tepes bijna voor zich zien, terwijl hij zijn vijanden op staken spietste. Het was een gruwelijk maar fascinerend verhaal. Toen het verhaal voorbij was, bedankte iedereen de gravin voor het delen ervan met hen. Ze wensten haar **een goede nacht** en trokken zich terug in hun kamers. Terwijl ze in bed lagen, hoorden ze in de **verte** het geluid van huilende wolven.

Întrebări de înțelegere

1. Cum arată castelul?

2. Cum este cerul?

3. Cum arată castelul în lumină?

4. Ce face grupul când vede castelul?

5. Ce își dau seama când se află în interiorul castelului?

6. Cine se află în castel cu ei?

7. Ce le spune bătrâna?

8. Ce îi invită să facă?

9. Despre ce este vorba în poveste?

10. Ce aude grupul noaptea?

Begrip vragen

1. Hoe ziet het kasteel eruit?

2. Hoe ziet de hemel eruit?

3. Hoe ziet het kasteel eruit in het licht?

4. Wat doet de groep als ze het kasteel zien?

5. Wat realiseren ze zich als ze in het kasteel zijn?

6. Wie is er bij hen in het kasteel?

7. Wat zegt de oude vrouw tegen hen?

8. Wat vraagt ze hen te doen?

9. Waar gaat het verhaal over?

10. Wat hoort de groep ‘s nachts?

Delta Dunării

Delta Dunării este un loc de mare frumusețe, dar și un loc de mare **pericol**. Apele sunt înșelătoare, iar viața sălbatică este mortală. Dar pentru o femeie, Delta este casa ei. Nadia a trăit în Deltă cea mai mare parte a vieții sale. Cunoaște fiecare centimetru din ea, de la cele mai adânci adâncimi până la cele **mai înalte** vârfuri. Știe unde să găsească hrană și adăpost și cum să evite creaturile periculoase care se ascund în apele sale. Dar când soțul Nadiei este ucis de un crocodil, ea rămâne singură în Deltă, fără nimeni care să o protejeze. Nadia a fost întotdeauna o supraviețuitoare. S-a născut în Deltă, iar **părinții** ei au învățat-o cum să trăiască din pământ. Nadia a făcut tot ce a putut pentru a rămâne în viață în Deltă. A vânat pentru hrană, a construit adăposturi și a evitat cu orice preț contactul cu alți **oameni.**

Într-o zi, Nadia a întâlnit un bărbat pe nume Alexei, care locuia și el în Deltă. Acesta i-a povestit despre viața lui înainte de a veni în Deltă și despre cum a pierdut **totul** când familia lui a murit într-un incendiu. Nadia s-a simțit atrasă de el și, în timp, au devenit prieteni. Nadia și Alexei au continuat să trăiască **împreună** în Deltă, construindu-și încet-încet o viață pentru ei înșiși. Au vânat și au pescuit împreună, iar Nadia chiar

Donau Delta

De Donau Delta is een plaats van grote schoonheid, maar het is ook een plaats van groot **gevaar**. De wateren zijn verraderlijk en de wilde dieren zijn dodelijk. Maar voor één vrouw is de delta haar thuis. Nadia heeft het grootste deel van haar leven in de Delta gewoond. Ze kent elke centimeter, van de diepste diepten tot de **hoogste** pieken. Ze weet waar ze voedsel en onderdak kan vinden, en hoe ze de gevaarlijke wezens die in de wateren op de loer liggen, kan ontwijken. Maar wanneer Nadia's echtgenoot door een krokodil wordt gedood, blijft ze alleen achter in de Delta, zonder iemand om haar te beschermen. Nadia was altijd al een overlever. Ze was in de Delta geboren en haar **ouders** hadden haar geleerd van het land te leven. Nadia deed alles wat ze kon om in de Delta in leven te blijven. Ze jaagde voor voedsel, bouwde schuilplaatsen, en vermeed contact met andere **mensen ten koste** van alles.

Op een dag ontmoette Nadia een man, Alexei, die ook in de Delta woonde. Hij vertelde haar over zijn leven voor hij naar de Delta kwam en hoe hij **alles** had verloren toen zijn familie omkwam in een brand. Nadia voelde zich tot hem aangetrokken en na verloop van tijd werden ze vrienden. Nadia en Alexei bleven **samen** in de Delta wonen en bouwden langzaam een leven

a început să-l învețe unele dintre lucrurile pe care o învățaseră părinții ei. Dar într-o zi, viața lor idilică a fost spulberată când un grup de bărbați a venit în Deltă în căutarea supraviețuitorilor unui naufragiu. Aceștia i-au luat pe Nadia și pe Alexei în **captivitate, cu** intenția de a-i vinde ca sclavi. Nadia și Alexei au fost luați de către sclavagisti și vânduți unor proprietari diferiți. Nadia a fost cumpărată de un om **bogat** care a vrut-o ca servitoare personală. A fost tratată bine, dar tânjea după libertate. Între timp, Alexei a fost cumpărat de un fermier crud care l-a folosit ca forță de muncă la **ferma** sa.

Lucra din zori până la apus, fără odihnă și fără mâncare, în afară de cea pe care o putea fura noaptea din bucătăria fermei. Într-o zi, după luni de zile de planificare, Nadia a reușit în cele din urmă să evadeze din **casa** stăpânului ei. S-a întors în Deltă, unde știa că va găsi siguranță. Nadia și-a croit drum prin deltă, evitând **creaturile** periculoase care se ascundeau în apele ei. În cele din urmă, a ajuns la ferma lui Alexei. Alexei a fost șocat să o vadă pe Nadia la ferma lui. Își pierduse speranța de a o mai vedea vreodată. Dar Nadia nu era acolo pentru a se reîntâlni cu el - ea era acolo pentru a se **răzbuna**.

voor zichzelf op. Ze jaagden en visten samen, en Nadia begon hem zelfs enkele dingen te leren die haar ouders haar hadden geleerd. Maar op een dag werd hun idyllische leventje verstoord toen een groep mannen naar de Delta kwam op zoek naar overlevenden van een schipbreuk. Ze namen Nadia en Alexei **gevangen**, met de bedoeling hen als slaven te verkopen. Nadia en Alexei werden door de slavendrijvers meegenomen en verkocht aan verschillende eigenaars. Nadia werd gekocht door een **rijke** man die haar als zijn persoonlijke bediende wilde. Ze werd goed behandeld, maar ze verlangde naar vrijheid. Alexei werd gekocht door een wrede boer die hem gebruikte als werkkracht op zijn **boerderij**.

Hij werkte van 's morgens vroeg tot 's avonds laat, zonder rust of voedsel, behalve wat hij 's nachts uit de keuken van de boerderij kon stelen. Op een dag, na maanden van plannen, slaagde Nadia er eindelijk in te ontsnappen uit het **huis** van haar eigenaar. Ze ging terug naar de Delta, waar ze wist dat ze veilig zou zijn. Nadia baande zich een weg door de delta en vermeed de gevaarlijke **wezens** die in het water op de loer lagen. Uiteindelijk bereikte ze Alexei's boerderij. Alexei was geschokt Nadia op zijn boerderij te zien. Hij had de hoop opgegeven om haar ooit nog te zien. Maar Nadia was daar niet om zich te herenigen met hem, ze was daar voor **wraak**.

Întrebări de înțelegere

1. Ce este Delta Dunării?

2. Care este pericolul pe care îl reprezintă Delta Dunării?

3. Cine este Nadia?

4. Ce face Nadia atunci când soțul ei este ucis?

5. Care este povestea lui Alexei?

6. Cum scapă Nadia?

7. Ce face Nadia când se întoarce în Deltă?

8. Cum se schimbă viața Nadiei după ce evadează?

9. Care este tema poveștii?

10. Care este morala poveștii?

Begrip vragen

1. Wat is de Donaudelta?

2. Wat is het gevaar van de Donaudelta?

3. Wie is Nadia?

4. Wat doet Nadia als haar man wordt vermoord?

5. Wat is Alexei's verhaal?

6. Hoe ontsnapt Nadia?

7. Wat doet Nadia als ze terugkeert naar de Delta?

8. Hoe verandert Nadia's leven nadat ze ontsnapt is?

9. Wat is het thema van het verhaal?

10. Wat is de moraal van het verhaal?

Mici

Era o zi rece de iarnă în București, iar Mici, o **tânără** româncă, mergea la piață cu mama ei. Așteptase cu nerăbdare acest moment toată săptămâna. Mama ei îi promisese că îi va cumpăra din mâncarea ei preferată - mici! Mici sunt mici cârnați din carne de porc și de vită care sunt **foarte populari** în România. De obicei, se prepară la grătar sau la cuptor și se servesc cu muștar sau ketchup. Mici sunt una dintre mâncărurile preferate ale lui Mici și se bucură întotdeauna când mama ei îi cumpără. Astăzi, însă, a fost ceva **diferit în** piață. Era aproape ca și cum ar fi fost goală... Nu era niciun om în jur și nicio tarabă care să vândă vreo mâncare. Singurul lucru care se auzea era sunetul păsărilor ciripind în depărtare. Când au intrat **mai departe** în piață, au văzut de ce era atât de goală... Toată mâncarea fusese luată! Nu mai rămăsese nici măcar un fruct sau o legumă - chiar și taraba cu pâine fusese golită complet!

Mici și mama ei au fost amândouă șocate. Nu **mai** văzuseră niciodată așa ceva. Era ca și cum toată mâncarea din piață dispăruse pur și simplu! S-au mai plimbat o vreme, sperând să găsească ceva - orice - pe care să îl poată cumpăra, dar nu mai era nimic. **Dezamăgiți, au început să se** întoarcă acasă. În drum spre casă, mama lui Mici i-a spus că va trebui să

Mici

Het was een koude winterdag in Boekarest en Mici, een **jong** Roemeens meisje, liep met haar moeder naar de markt. Ze had hier de hele week naar uitgekeken. Haar moeder had haar beloofd haar lievelingseten te kopen - mici! Mici zijn kleine worstjes gemaakt van varkens- en rundvlees die **populair zijn** in Roemenië. Ze worden meestal gegrild of gebakken en geserveerd met mosterd of ketchup. Mici is een van Mici's lievelingsgerechten en ze is altijd enthousiast als haar moeder ze voor haar koopt. Vandaag was er echter iets **anders** aan de hand op de markt. Het leek wel alsof hij leeg was... Er waren geen mensen en geen kraampjes die eten verkochten. Het enige wat te horen was, was het geluid van vogels die in de verte tsjilpten. Toen ze **verder** de markt opliepen, zagen ze waarom het zo leeg was... Al het voedsel was meegenomen! Er was geen enkel stuk fruit of groente meer over - zelfs het broodkraampje was helemaal leeg!

Mici en haar moeder waren allebei geschokt. Zoiets hadden ze **nog** nooit gezien. Het was alsof al het voedsel op de markt verdwenen was! Ze liepen nog een tijdje rond, in de hoop iets - wat dan ook - te vinden dat ze konden kopen, maar er was niets meer. **Teleurgesteld** gingen ze op weg terug naar huis.

rămână fără Mici astăzi. Mici a fost supărată la început, dar apoi și-a dat seama că mai erau și alți oameni în București care nu aveau nici măcar **suficientă** mâncare. A decis că este norocoasă și că ar trebui să fie recunoscătoare pentru ceea ce are. Când au ajuns acasă, mama lui Mici a început să gătească o **masă** simplă de ouă și pâine prăjită.

În timp ce gătea, Mici s-a dus în camera ei și și-a luat jucăria preferată - un cârnat mici de pluș. L-a îmbrățișat strâns în timp ce se gândea la toți oamenii din București care erau înfometați. Mai târziu, în acea noapte, în timp ce stătea întinsă în pat, Mici și-a făcut o **promisiune**: într-o zi, va ajuta să se asigure că toată lumea are suficientă mâncare. Anii au trecut și Mici a crescut și a devenit o tânără puternică și **hotărâtă.** Și-a ținut promisiunea față de ea însăși și a devenit medic. Și-a dedicat viața pentru a-i ajuta pe alții, în special pe cei care erau înfometați sau în nevoie. Mici nu a uitat niciodată ziua **rece** de iarnă în care a văzut piața goală din București. A fost o experiență care i-a schimbat viața pentru totdeauna și care a inspirat-o să facă o diferență în **lume**.

Op weg naar huis vertelde Mici's moeder haar dat ze vandaag zonder Mici zou moeten gaan. Mici was eerst van streek, maar toen realiseerde ze zich dat er andere mensen in Boekarest waren die niet eens **genoeg te eten hadden**. Ze besloot dat ze geluk had en dankbaar moest zijn voor wat ze wel had. Toen ze thuiskwamen, begon Mici's moeder een eenvoudige **maaltijd** van eieren en toast te koken.

Tijdens het koken ging Mici naar haar kamer en haalde haar lievelingsknuffel tevoorschijn - een gevulde Mii-worst. Ze knuffelde hem stevig terwijl ze dacht aan alle mensen in Boekarest die honger leden. Later die avond, toen ze in bed lag, deed Mici een **belofte** aan zichzelf: op een dag zou ze helpen ervoor te zorgen dat iedereen genoeg te eten had. Jaren verstreken en Mici groeide op tot een sterke en **vastberaden** jonge vrouw. Ze hield haar belofte aan zichzelf en werd arts. Ze wijdde haar leven aan het helpen van anderen, vooral van mensen die honger hadden of in nood verkeerden. Mici vergat nooit de **koude** winterdag toen ze de lege markt in Boekarest zag. Het was een ervaring die haar leven voor altijd veranderde en haar inspireerde om een verschil te maken in de **wereld**.

Întrebări de înțelegere

1. Care este numele protagonistului?

2. Ce îi place lui Mici să mănânce?

3. De ce era goală piața?

4. Cum se simte Mici când își dă seama că nu mai există mâncare în piață?

5. De ce mama lui Mici trebuie să gătească o masă simplă atunci când ajung acasă?

6. Ce promisiune își face Mici atunci când se întinde în pat în acea noapte?

7. Cum se schimbă caracterul lui Mici de la începutul până la sfârșitul povestirii?

8. Ce temă este prezentă în poveste?

9. Care credeți că a fost scopul autorului în scrierea acestei povestiri?

10. Ce ai fi făcut dacă ai fi fost în locul lui Mici?

Begrip vragen

1. Wat is de naam van de hoofdpersoon?

2. Wat eet Mici graag?

3. Waarom was de markt leeg?

4. Hoe voelt Mici zich als ze zich realiseert dat er geen eten meer is op de markt?

5. Waarom moet Mici's moeder een eenvoudige maaltijd koken als ze thuiskomen?

6. Welke belofte doet Mici aan zichzelf als ze die nacht in bed ligt?

7. Hoe verandert het karakter van Mici van het begin tot het einde van het verhaal?

8. Welk thema komt in het verhaal voor?

9. Wat denk je dat de bedoeling van de auteur was bij het schrijven van dit verhaal?

10. Wat zou jij gedaan hebben als je in Mici's schoenen stond?

Palatul Parlamentului

Palatul Parlamentului este una dintre cele mai emblematice **clădiri** din București. A fost construit în timpul perioadei comuniste și este un simbol al acelei perioade. Clădirea este masivă și are multe camere și săli diferite. De asemenea, este foarte ornamentată, cu detalii complicate la exterior și în interior. Sunt ghid turistic la palat și îmi place foarte mult munca mea. Îmi place să le arăt oamenilor această clădire **uimitoare** și să le povestesc despre istoria ei. Întotdeauna îmi încep tururile vorbind despre faptul că palatul a fost construit în 1984, în timpul **dictaturii** lui Nicolae Ceaușescu. Construcția a durat peste trei ani, fiind folosite materiale din toată România. Peste 1.000 de muncitori au fost angajați pentru a lucra la proiect 24 de ore pe zi, șapte zile pe săptămână! Produsul **finit** este cu adevărat impresionant, măsurând 270 de metri lungime, 135 de metri lățime, 86 de metri înălțime și 12 etaje, cu peste 3100 de camere repartizate pe 330 de mii de **metri** pătrați.

Nu e de mirare că este considerată una dintre cele **mai mari clădiri** administrative din Europa! Și știați că, din cauza dimensiunii (și a greutății) sale, dacă ați

Paleis van het Parlement

Het Paleis van het Parlement is een van de meest iconische **gebouwen** in Boekarest. Het werd gebouwd tijdens het communistische tijdperk, en het is een symbool van die tijd. Het gebouw is enorm en het heeft veel verschillende kamers en zalen. Het is ook zeer sierlijk, met ingewikkelde details aan de buitenkant en aan de binnenkant. Ik ben gids in het paleis, en ik hou van mijn werk. Ik vind het leuk om mensen rond te leiden door dit **geweldige** gebouw en ze te vertellen over de geschiedenis ervan. Ik begin mijn rondleidingen altijd met te vertellen hoe het paleis in 1984 werd gebouwd, onder de **dictatuur** van Nicolae Ceaușescu. De bouw nam meer dan drie jaar in beslag en er werden materialen uit heel Roemenië gebruikt. Meer dan 1.000 arbeiders werkten 24 uur per dag, zeven dagen per week aan het project! Het eindproduct is indrukwekkend: 270 meter lang, 135 meter breed, 86 meter hoog en 12 verdiepingen hoog, met meer dan 3100 kamers verspreid over 330.000 vierkante **meter**.

Geen wonder dat het wordt beschouwd als een van de **grootste** administratieve **gebouwen in** Europa! En wist u dat, gezien de omvang (en het gewicht) van het

lua tot betonul folosit la construcție și l-ați așeza pe o suprafață mai mare decât cea a Vaticanului? Este greu de crezut, dar adevărat! După ce împărtășesc câteva fapte amuzante despre palat, îmi duc apoi oaspeții într-un tur al **interiorului**. Începem într-una dintre numeroasele săli, care sunt toate decorate diferit. Unele au candelabre atârnate de **tavan, în** timp ce altele au picturi complicate pe pereți. Indiferent de sala în care ne aflăm, însă, toată lumea este întotdeauna uimită de cât de grandios arată totul.

Apoi trecem la una dintre părțile mele preferate din turneu: apartamentul personal al lui Ceaușescu. Aici a lucrat și a avut întâlniri cu alți oficiali. Este format din mai multe camere diferite, inclusiv o sală mare de conferințe, biroul său privat , și chiar un dormitor! Toate aceste încăperi sunt **mobilate cu** lux de amănunte și ne oferă o privire asupra modului în care trăia Ceaușescu . După ce am văzut vechile birouri ale lui Ceaușescu, ne îndreptăm spre acoperiș pentru o priveliște incredibilă a Bucureștiului. De aici de sus, se poate vedea kilometri întregi în toate direcțiile! Într-o zi senină, puteți vedea chiar până la Muntele Ceahlau, cel mai înalt vârf **montan** din România. În timp ce stăm acolo admirând priveliștea, le spun oaspeților mei că acesta este doar un exemplu de ce cred că Palatul Parlamentului este un loc atât de **uimitor.**

gebouw, als je al het beton dat voor de bouw is gebruikt plat zou leggen, het een oppervlakte zou beslaan die groter is dan Vaticaanstad? Het is moeilijk te geloven, maar waar! Na het delen van enkele leuke feiten over het paleis, neem ik mijn gasten mee op een rondleiding door het **interieur**. We beginnen in een van de vele zalen, die allemaal anders zijn ingericht. Sommige hebben kroonluchters aan het **plafond hangen**, andere hebben ingewikkelde schilderijen aan de muren. Maar in welke zaal we ook zijn, iedereen is altijd verbaasd over hoe groots alles eruit ziet.

Dan gaan we naar een van mijn favoriete delen van de rondleiding: Ceaușescu's persoonlijke **kantoor**. Hier werkte hij en hield hij vergaderingen met andere ambtenaren. Het bestaat uit verschillende kamers, waaronder een grote vergaderzaal, zijn privékantoor en zelfs een slaapkamer! Al deze kamers zijn rijkelijk **gemeubileerd** en geven ons een indruk van hoe Ceaușescu leefde. Nadat we Ceaușescu's oude kantoren hebben gezien, gaan we naar het dak voor een ongelooflijk uitzicht over Boekarest. Vanaf hier kun je kilometers ver kijken in elke richting! Op een heldere dag kun je zelfs tot aan de Ceahlau berg kijken, de hoogste bergtop van Roemenië. Terwijl we daar staan en het uitzicht bewonderen, vertel ik mijn gasten dat dit maar één voorbeeld is van waarom ik het Paleis van het Parlement zo'n **geweldige** plek vind.

Întrebări de înțelegere

1. Ce este Palatul Parlamentului?

2. Care este simbolul Palatului Parlamentului?

3. Câte camere și săli are Palatul Parlamentului?

4. Cum arată exteriorul și interiorul Palatului Parlamentului?

5. Când a fost construit Palatul Parlamentului?

6. Cine a construit Palatul Parlamentului?

7. Cât timp a durat construcția Palatului Parlamentului?

8. Care este dimensiunea Palatului Parlamentului?

9. Care este apartamentul personal de birouri al lui Ceaușescu?

10. Care este priveliștea de pe acoperișul Palatului Parlamentului?

Begrip vragen

1. Wat is het Paleis van het Parlement?

2. Waarvan is het Paleis van het Parlement een symbool?

3. Hoeveel kamers en zalen heeft het Paleis van het Parlement?

4. Hoe zien de buitenkant en de binnenkant van het Paleis van het Parlement eruit?

5. Wanneer werd het Paleis van het Parlement gebouwd?

6. Wie heeft het Paleis van het Parlement gebouwd?

7. Hoe lang heeft het geduurd om het Paleis van het Parlement te bouwen?

8. Wat is de grootte van het Paleis van het Parlement?

9. Wat is Ceaușescu's persoonlijke kantoor suite?

10. Wat is het uitzicht vanaf het dak van het Paleis van het Parlement?

George Enescu

George Enescu s-a născut în micul sat Liveni, România, la 19 august 1881. Părinții săi erau țărani săraci. George Enescu s-a născut în micul sat Liveni, România, la 19 august 1881. Părinții săi erau țărani săraci care nu și-au permis să-l trimită la **școală**. Când avea doar patru ani, tatăl său a murit, iar mama sa a rămas să îl crească singură. Când George avea șapte ani, a auzit un bărbat cântând la vioară pe stradă și a fost imediat captivat de sunet. Și-a implorat **mama** să îi cumpere o vioară, iar aceasta a cedat în cele din urmă, chiar dacă a trebuit să își vândă singura vacă pentru a o plăti. Din acea zi, muzica a devenit viața lui George. A exersat ore întregi în fiecare zi și a devenit rapid foarte priceput la acest **instrument**. La vârsta de 16 ani, George a decis să plece de acasă și să încerce să-și câștige existența ca muzician în București, capitala României. Nu a fost ușor la început, dar în cele din urmă și-a găsit de lucru cântând în cafenele și **restaurante din** oraș.

Oamenii au început să îi remarce talentul și, în curând, a început să primească oferte pentru concerte mai bune, inclusiv petreceri private pentru familii bogate și chiar câteva **spectacole** cu orchestre. Până la împlinirea vârstei de 21 de ani, George s-a impus ca

George Enescu

George Enescu werd op 19 augustus 1881 geboren in het kleine dorpje Liveni in Roemenië. Zijn ouders waren arme boeren. George Enescu werd op 19 augustus 1881 geboren in het dorpje Liveni in Roemenië. Zijn ouders waren arme boeren die het zich niet konden veroorloven hem naar **school** te sturen. Toen hij slechts vier jaar oud was, stierf zijn vader en moest zijn moeder hem alleen opvoeden. Toen George zeven jaar oud was, hoorde hij op straat een man viool spelen en was meteen in de ban van het geluid. Hij smeekte zijn **moeder** om een viool voor hem te kopen, en uiteindelijk gaf ze toe, ook al moest ze daarvoor haar enige koe verkopen. Vanaf die dag werd muziek George's leven. Hij oefende elke dag urenlang en werd al snel zeer bedreven in het **instrument**. Toen hij zestien jaar oud was, besloot George zijn huis te verlaten en in Boekarest, de hoofdstad van Roemenië, als muzikant aan de kost te komen. In het begin was dat niet gemakkelijk, maar uiteindelijk vond hij werk als muzikant in cafés en **restaurants** in de stad.

De mensen begonnen zijn talent op te merken, en al gauw kreeg hij aanbiedingen voor betere optredens, waaronder privé-feesten voor rijke families en zelfs enkele **optredens** met orkesten. Tegen de tijd dat hij

unul dintre cei mai populari muzicieni din București. În 1902, Enescu a întâlnit-o pe prințesa Marie Cantacuzene în timp ce cânta la una dintre **dineurile** soțului ei; aceasta avea să devină mai târziu o importantă patroană a carierei sale. În anul următor ,și-a făcut debutul ca solist la Filarmonica din Viena, ceea ce l-a lansat în faima **internațională.** În următoarele câteva decenii, Enescu a efectuat numeroase turnee în toată Europa, atât ca solist, cât și ca dirijor. În 1923 ,s-a întors în România unde a predat muzică la diferite **instituții**, inclusiv la Conservatorul din București, care îi poartă astăzi numele.

Deși cunoscut mai ales ca muzician, Enescu a fost și un compozitor talentat, ale cărui lucrări s-au **inspirat** din muzica populară românească. A scris mai multe opere, printre care Oedipe (1936) și dipe sur la route (1941-42), care sunt considerate printre cele mai bune realizări ale sale. Niciuna dintre ele nu a fost interpretată în timpul **vieții** sale din cauza totalitarismului noului regim comunist din România de după cel de-al Doilea Război Mondial, când toată muzica clasică occidentală a fost interzisă la interpretări sau difuzări publice. Abia după moartea lui Enescu, în 1955, aceste opere au putut fi ascultate din nou de publicul din țara lor natală.

eenentwintig werd, had George zich gevestigd als een van de meest populaire muzikanten van Boekarest. In 1902 ontmoette Enescu Prinses Marie Cantacuzene tijdens een optreden op een van de **diners** van haar man; zij zou later een belangrijke beschermvrouwe van zijn carrière worden. Het jaar daarop maakte hij zijn debuut als solist met de Wiener Philharmoniker, wat hem **internationale** faam opleverde. Gedurende de volgende decennia toerde Enescu uitgebreid door Europa, zowel als solist als als dirigent. In 1923 keerde hij terug naar Roemenië, waar hij muziek doceerde aan verschillende **instellingen**, waaronder het Conservatorium van Boekarest, dat vandaag de dag nog steeds zijn naam draagt.

Hoewel hij vooral bekend was als musicus, was Enescu ook een getalenteerd componist, wiens werken **geïnspireerd** werden door de Roemeense volksmuziek. Hij schreef verschillende opera's, waaronder Oedipe (1936) en dipe sur la route (1941-42), die worden beschouwd als een van zijn beste prestaties. Geen van beide werd tijdens zijn **leven** uitgevoerd als gevolg van het totalitarisme van het nieuwe communistische regime in het Roemenië van na de Tweede Wereldoorlog, toen alle westerse klassieke muziek werd verboden om in het openbaar te worden uitgevoerd of uitgezonden. Pas na Enescu's dood in 1955 konden deze opera's opnieuw worden gehoord door het publiek in hun thuisland.

Întrebări de înțelegere

1. Unde s-a născut George Enescu?

2. Cu ce se ocupau părinții lui George Enescu?

3. Când a murit tatăl lui George Enescu?

4. Cum a auzit George Enescu pentru prima dată vioara?

5. Ce a fost nevoită să vândă mama lui George Enescu pentru a-i cumpăra o vioară?

6. Unde a plecat George Enescu când avea 16 ani?

7. Ce a făcut George Enescu când a ajuns la București?

8. Cine a devenit o importantă patroană a carierei lui George Enescu?

9. Ce a făcut George Enescu în 1923?

10. De ce nu au fost reprezentate operele lui Enescu în timpul vieții sale?

Begrip vragen

1. Waar werd George Enescu geboren?

2. Wat deden George Enescu's ouders voor de kost?

3. Wanneer is de vader van George Enescu gestorven?

4. Hoe hoorde George Enescu voor het eerst de viool?

5. Wat moest George Enescu's moeder verkopen om een viool voor hem te kunnen kopen?

6. Waar ging George Enescu heen toen hij zestien jaar oud was?

7. Wat deed George Enescu toen hij voor het eerst in Boekarest aankwam?

8. Wie werd een belangrijke beschermvrouwe in de carrière van George Enescu?

9. Wat deed George Enescu in 1923?

10. Waarom werden Enescu's opera's tijdens zijn leven niet uitgevoerd?

La plajă

După răsăritul soarelui, valurile sunt mai puternice, iar nisipul de deasupra mareei este alb. Mă duc pe plajă, **admirând** marea și soarele. Degetele mele de la picioare simt canelurile scoicilor. Nisipul este rece pe degetele mele de la picioare. Zâmbesc și continui să merg. Mareea este mare, așa că trebuie să fiu atentă să nu fiu trasă în apă. Mă plimb pe malul apei, admirând marea. Răsăritul de soare este **frumos,** iar valurile se sparg. Mă simt atât de liniștită. Ajung la un loc unde se află o stâncă. Mă așez și privesc valurile. Apa este atât de albastră, iar cerul este atât de **portocaliu**. Mă simt de parcă aș fi într-un vis. Închid ochii și doar ascult valurile. Am stat acolo mult timp, până când am auzit pe cineva strigându-mi numele.

Deschid ochii și o văd pe mama venind spre mine. Avea o privire îngrijorată pe față. Eu zâmbesc și îi fac cu mâna, iar ea se **relaxează**. “Mă întrebam unde te-ai dus”, spune ea. “Mă bucur că te bucuri de plajă”. Îi răspund: “Chiar mă bucur”. “Este atât de frumos aici”. “Știu”, spune ea. “Obișnuiam să vin aici tot timpul când eram de vârsta ta.” “Serios?” întreb. “Da”, îmi răspunde ea. “E un loc special.” “Ai întâlnit vreodată pe cineva special aici?” Am întrebat. “Am întâlnit”, răspunde ea cu un zâmbet. “Pe tatăl tău.” “Serios?” Spun,

Op het strand

Na zonsopgang zijn de golven luider en het zand boven de vloed is wit. Ik loop naar het strand en **bewonder** de zee en de zon. Mijn tenen voelen de groeven van schelpen. Het zand is koud aan mijn tenen. Ik glimlach en loop door. Het is vloed, dus ik moet oppassen dat ik er niet in word getrokken. Ik loop langs de waterkant en bewonder de zee. De zonsopgang is **prachtig**, en de golven beuken. Ik voel me zo vredig. Ik kom op een plek waar een rots uitsteekt. Ik ga zitten en kijk naar de golven. Het water is zo blauw en de lucht is zo **oranje**. Ik voel me alsof ik in een droom ben. Ik sluit mijn ogen en luister alleen maar naar de golven. Ik zat daar een hele tijd, tot ik iemand mijn naam hoorde roepen.

Ik open mijn ogen en zie mijn moeder naar me toe lopen. Ze heeft een bezorgde blik op haar gezicht. Ik glimlach en zwaai, en ze **ontspant zich**. “Ik vroeg me al af waar je was,” zegt ze. “Ik ben blij dat je van het strand geniet.” Ik antwoord: “Dat doe ik.” “Het is hier zo mooi.” “Ik weet het,” zegt ze. “Ik kwam hier altijd toen ik zo oud was als jij.” “Echt waar?” Vraag ik. “Ja,” antwoordt ze. “Het is een speciale plek.” “Heb je hier ooit een speciaal iemand ontmoet?” Vraag ik. “Ik wel,” antwoordt ze met een glimlach. “Je vader.” “Echt waar?” Zeg ik, **verbaasd**. “Ja,” zegt ze. “We kwamen hier altijd

surprinsă. “Da”, spune ea. “Obișnuiam să venim aici tot timpul împreună. Aici ne-am îndrăgostit. “ Zâmbesc, **imaginându-mi** părinții mei îndrăgostiți pe această plajă frumoasă. “Este un loc special”, repetă ea. “Mă bucur că ai venit aici astăzi”.

Mai stăm acolo o vreme, **privind** valurile și apusul. Apoi ne ridicăm și ne întoarcem la prosoapele noastre de plajă. Mă întind și mă uit la stele. Mă simt atât de fericită și mulțumită. Valurile sunt mai puternice acum, iar nisipul este rece. Soarele apune și bate o briză răcoroasă. Valurile se izbesc de țărm, iar în aer se simte mirosul de sare. Este o seară perfectă pentru a fi la plajă. Mă plimb de-a lungul țărmului, **ascultând** sunetul valurilor și privind apusul. Văd un grup de oameni care stau pe nisip, râzând și glumind. Se pare că se distrează de minune. Mă apropii de ei și îi întreb dacă pot să mă alătur lor. Ei spun da, și ne petrecem restul serii vorbind, râzând și privind **apusul de soare**. Este o seară perfectă. Eu și grupul vorbim până la apusul soarelui. Împărtășim povești și glume și ne simțim foarte bine. Pe măsură ce noaptea începe să cadă, începem cu toții să ne simțim obosiți. Ne sărutăm **de rămas bun** și ne despărțim. Mă întorc la hotel, fericit și mulțumit. Nu-mi vine să cred cât de frumos este aici. Sunt atât de norocoasă că am **trăit** această **experiență.**

samen. Het is waar we verliefd werden. " Ik glimlach en **stel me voor hoe** mijn ouders verliefd werden op dit prachtige strand. "Het is een speciale plek," herhaalt ze. "Ik ben blij dat je hier vandaag bent."

We zitten daar nog een tijdje, **kijken naar** de golven en de zonsondergang. Dan staan we op en lopen terug naar onze strandhanddoeken. Ik ga liggen en kijk naar de sterren. Ik voel me zo gelukkig en tevreden. De golven zijn nu luider, en het zand is koud. De zon gaat onder en er waait een koel briesje. De golven beuken tegen de kust, en de geur van zout hangt in de lucht. Het is een perfecte avond om op het strand te zijn. Ik loop langs het strand, **luister** naar het geluid van de golven en kijk naar de zonsondergang. Ik zie een groep mensen op het zand zitten, lachend en grapjes makend. Ze zien eruit alsof ze het naar hun zin hebben. Ik loop naar ze toe en vraag of ik erbij mag komen zitten. Ze zeggen ja, en we brengen de rest van de avond door met praten, lachen en kijken naar de **zonsondergang**. Het is een perfecte avond. De groep en ik praten tot de zon ondergaat. We delen verhalen en grappen, en we hebben allemaal een geweldige tijd. Als de avond begint te vallen, beginnen we allemaal moe te worden. We kussen elkaar **vaarwel** en gaan uit elkaar. Ik loop terug naar mijn hotel en voel me gelukkig en tevreden. Ik kan niet geloven hoe mooi het hier is. Ik ben zo gelukkig dat ik het heb mogen **meemaken**.

Întrebări de înțelegere

1. Unde se duce naratoarea după ce se trezește?

2. Ce admiră naratoarea în timp ce se plimbă pe plajă?

3. La ce trebuie să fie atentă naratoarea în timp ce se plimbă pe plajă?

4. Unde se așează naratorul pentru a se bucura de priveliște?

5. Cât timp stă naratorul acolo?

6. Pe cine vede naratoarea când deschide din nou ochii?

7. Ce spune mama naratorului?

8. Despre ce vorbesc naratoarea și oamenii pe care îi întâlnește?

Begrip vragen

1. Waar gaat de vertelster heen nadat ze wakker is geworden?

2. Wat bewondert de vertelster als ze langs het strand loopt?

3. Waar moet de vertelster op letten als ze langs het strand loopt?

4. Waar gaat de verteller zitten om van het uitzicht te genieten?

5. Hoe lang blijft de verteller daar zitten?

6. Wie ziet de verteller als ze haar ogen weer opent?

7. Wat zegt de moeder van de verteller?

8. Waar praten de verteller en de mensen die ze ontmoet over?

Camping la lac

Mă îndrept spre lac, **admirând** liniștea scenei. Soarele bate în jos pe micul lac, făcând ca apa să pară o foaie de sticlă. Singura mișcare este unda ocazională produsă de un pește care **sparge** suprafața. Chiar și păsările par să ia o pauză de la căldură, doar sunetul cicadelor umplând aerul. **Dintr-o dată,** liniștea este spartă de un izbit puternic. Un **pește** mare a sărit din apă, încercând să prindă o libelulă. Peștele își ratează ținta și cade înapoi în apă cu un strop. "Uau", mă gândesc în sinea mea, "ăsta a fost un pește mare!". M-am uitat în jur să văd dacă l-a mai văzut cineva, dar nu era nimeni prin preajmă. Cred că va trebui să le spun când mă întorc în tabără.

Căldura este **opresivă,** făcând dificilă respirația. Aerul este gros și greu, ca o pătură înfășurată în jurul tău. Singura ușurare este în apă. Este răcoroasă și revigorantă, ca o băutură rece într-o zi fierbinte. Respir adânc și mă scufund în apă. Ușurarea este imediată, în timp ce apa rece mă înconjoară. Înot până la fund și apoi mă întorc la suprafață, simțind cum apa îmi răcorește corpul. Continui să **înot** ture, bucurându-mă de răgazul de la căldură. După un timp, ies din apă și mă întind pe iarbă, lăsând soarele să-mi usuce corpul.

Kamperen aan het meer

Ik loop naar het meer en **bewonder** de vredigheid van het tafereel. De zon schijnt op het meertje, waardoor het water een glazen plaat lijkt. De enige beweging is af en toe een rimpeling van een vis **die** het wateroppervlak breekt. Zelfs de vogels lijken een pauze te nemen van de hitte, met alleen het geluid van cicaden die de lucht vullen. **Plotseling** wordt de rust verbroken door een luide plons. Een grote **vis** is uit het water gesprongen, in een poging een libel te vangen. De vis mist zijn doel en valt met een plons terug in het water. “Wow,” denk ik bij mezelf, “dat was een grote vis!.” Ik keek om me heen om te zien of iemand anders hem had gezien, maar er was niemand in de buurt. Ik denk dat ik het ze zal moeten vertellen als ik terug ben in het kamp.

De hitte is **drukkend**, waardoor het moeilijk is om te ademen. De lucht is dik en zwaar, als een deken om je heen gewikkeld. De enige verlichting is in het water. Het is koel en verfrissend, als een koud drankje op een warme dag. Ik haal diep adem en duik in het water. De opluchting is onmiddellijk als het koele water me omringt. Ik zwem naar de bodem en dan weer naar de oppervlakte, terwijl ik voel hoe het water mijn lichaam afkoelt. Ik blijf baantjes trekken en geniet van de

Închid ochii și adorm, iar sunetul **cicadelor** mă adoarme adânc. Las soarele să-mi coacă apa de pe piele. Simt cum mi se înroșește pielea, dar nu-mi pasă. Mi-e prea cald ca să-mi pese.Următorul lucru pe care îl știu este că soarele apune. Cerul este de un portocaliu frumos, cu dungi de roz și violet. Căldura a dispărut, fiind înlocuită de o **briză** răcoroasă.

Mă ridic și îmi pun hainele la loc, simțindu-mă revigorată și întinerită. **Inspir** adânc aerul rece și zâmbesc. Mă simt bine să fiu în viață. Mă întorc spre tabără, admirând felul în care culorile dansează pe cer. Văd focul de tabără arzând în depărtare și simt mirosul de fum în aer. Zâmbesc și îmi **accelerez** pasul. Sunt gata să mă relaxez și să mă bucur de restul serii. Intru în tabără și văd că toată lumea este adunată în jurul focului. **Râd** și glumesc, iar eu pot vedea focul reflectându-se în ochii lor. Zâmbesc și mă așez lângă prietenii mei. E bine să mă întorc. În dimineața următoare, mă trezesc devreme și încep să-mi împachetez lucrurile. Sunt nerăbdător să mă întorc pe traseu și să-mi continui călătoria. Îmi iau rămas bun de la prietenii mei și încep să plec. În timp ce merg, arunc o ultimă privire la **locul de campare**. Văd focul care încă arde în depărtare și simt mirosul de fum în aer.

afkoeling van de hitte. Na een tijdje kom ik uit het water en ga op het gras liggen, zodat de zon mijn lichaam kan drogen. Ik sluit mijn ogen en val in slaap, het geluid van de **cicaden** brengt me in een diepe slaap. Ik laat de zon het water uit mijn huid bakken. Ik voel dat mijn huid rood wordt, maar dat kan me niet schelen. Ik heb het te warm om me zorgen te maken. Het volgende dat ik weet, is dat de zon ondergaat. De lucht is prachtig oranje, met roze en paarse strepen. De hitte is weg, vervangen door een koel **briesje**.

Ik sta op en trek mijn kleren weer aan. Ik voel me verfrist en verjongd. Ik haal diep **adem** uit de koele lucht en glimlach. Het voelt goed om te leven. Ik loop terug naar de camping en bewonder de manier waarop de kleuren in de lucht dansen. In de verte zie ik het kampvuur branden, en ik ruik de rook in de lucht.
Ik glimlach en **versnel** mijn pas. Ik ben klaar om te ontspannen en te genieten van de rest van mijn avond. Ik loop de camping op en zie dat iedereen rond het vuur zit. Ze **lachen** en maken grapjes, en ik kan het vuur in hun ogen zien weerkaatsen. Ik glimlach en ga naast mijn vrienden zitten. Het is goed om terug te zijn. De volgende ochtend sta ik vroeg op en begin mijn spullen in te pakken. Ik sta te popelen om weer op pad te gaan en mijn reis voort te zetten. Ik neem afscheid van mijn vrienden en begin weg te lopen. Terwijl ik loop, werp ik nog een laatste blik op de **camping**. In de verte zie ik het vuur nog branden en ik ruik de rook in de lucht.

Întrebări de înțelegere

1. Unde se îndreaptă mersul?

2. Ce fel de vreme este?

3. Cum arată apa?

4. Cum reacționează mersul pe jos la căldură?

5. Ce face peștele?

6. De ce este plimbărețul singur?

7. Cum se simte apa?

8. Cum se simte mersul după înot?

9. La ce oră din zi este când se trezește mersul?

10. Unde se duce plimbărețul când părăsește tabăra?

Begrip vragen

1. Waar gaat de wandelaar heen?

2. Wat voor weer is het?

3. Hoe ziet het water eruit?

4. Hoe reageert de wandelaar op de hitte?

5. Wat doet de vis?

6. Waarom is de wandelaar alleen?

7. Hoe voelt het water aan?

8. Hoe voelt de wandelaar zich na het zwemmen?

9. Hoe laat is het als de wandelaar wakker wordt?

10. Waar gaat de wandelaar heen als hij het kamp verlaat?

Casa

M-am mutat în noua mea casă săptămâna trecută și sunt atât de **încântată**! Este mult mai mare decât cea veche și are o curte mare. Abia aștept să-mi invit prietenii la grătare și la petreceri. Partea mea **preferată** este noul meu dormitor. Este atât de mare și luminos și am mult spațiu pentru a-mi pune toate lucrurile. Sunt foarte mulțumită de noua mea casă și cred că voi fi foarte fericită aici. Am decis să mai explorez puțin casa. Am urcat la etajul al doilea și am început să mă îndrept spre bucătărie, când am văzut un păianjen mare și negru pe perete! Am țipat și am fugit la parter. Eram atât de **speriată**! Dar, după câteva minute, m-am liniștit și am decis să mă întorc la etaj. M-am îndreptat încet spre bucătărie și am văzut că păianjenul dispăruse. Am fost atât de ușurată! M-am întors jos și am decis să ies afară pentru a explora **curtea din spate**. Era atât de mare! Nu-mi venea să cred. Am văzut un leagăn în colț și un tobogan. Am văzut, de asemenea, o plasă de baschet și o **trambulină**. Eram atât de încântată!

Abia aștept să folosesc toate aceste lucruri noi. **Vecinii** au venit și s-au prezentat. Păreau foarte drăguți și am stat de vorbă o vreme. M-au invitat la grătarul lor de weekendul viitor, iar eu am spus că mi-ar face plăcere să vin. Am avut o primă săptămână minunată în noua mea casă și sunt încântată de toate noile aventuri care

Het Huis

Ik ben vorige week in mijn nieuwe huis getrokken, en ik ben zo **opgewonden**! Het is zoveel groter dan mijn oude, en het heeft een grote achtertuin. Ik kan niet wachten om vrienden uit te nodigen voor BBQ's en feestjes. Mijn **favoriete** deel is mijn nieuwe slaapkamer. Hij is zo groot en licht, en ik heb veel ruimte om al mijn spullen op te bergen. Ik ben echt blij met mijn nieuwe huis en ik denk dat ik hier heel gelukkig zal zijn. Ik besloot om het huis nog wat verder te verkennen. Ik ging naar boven naar de tweede verdieping en ging op weg naar de keuken toen ik een grote zwarte spin op de muur zag! Ik gilde en rende naar beneden. Ik was zo **bang**! Maar na een paar minuten was ik gekalmeerd en besloot ik terug naar boven te gaan. Ik ging langzaam naar de keuken en zag dat de spin weg was. Ik was zo opgelucht! Ik ging terug naar beneden en besloot naar buiten te gaan om de **achtertuin te verkennen**. Hij was zo groot! Ik kon het niet geloven. Ik zag een schommel in de hoek en een glijbaan. Ik zag ook een basketbalnet en een **trampoline**. Ik was zo opgewonden!

Ik kan niet wachten om al deze nieuwe spullen te gebruiken. De **buren** kwamen langs en stelden zich voor. Ze leken erg aardig, en we hebben een tijdje gepraat. Ze nodigden me uit voor hun BBQ volgend weekend, en ik zei dat ik graag zou komen. Ik had een

mă așteaptă. Astăzi, voi merge din nou să explorez în curtea din spate și să văd ce mai pot găsi. Cine știe, poate voi găsi chiar și o **comoară**. Abia aștept să văd ce ne aduce săptămâna viitoare! Săptămâna următoare, am mers din nou să explorez în curtea din spate și am găsit o grădină **secretă.** Era atât de frumoasă! Erau flori peste tot și un mic iaz cu pești în el. Am văzut, de asemenea, un leagăn pe care nu-l mai văzusem până atunci. Am fost atât de încântată să găsesc această grădină secretă și abia aștept să o explorez mai mult. A fost atât de **frumoasă**!

Erau flori peste tot și un mic iaz cu pești în el. Am văzut, de asemenea, un **leagăn pe care** nu-l mai văzusem până atunci. Am fost atât de încântată să găsesc această grădină secretă și abia aștept să o explorez mai mult. Mi-a plăcut și noua mea cameră. Era atât de mare și luminoasă, iar pe pereți erau deja postere cu formațiile mele preferate. Nici măcar nu a trebuit să-mi aduc **mobilă** proprie, pentru că aici existau deja un pat, o comodă și un birou. Acesta va fi cel mai bun an din toate timpurile! Am fost puțin emoționată că încep la o **școală** nouă, dar toți noii mei vecini au fost foarte prietenoși. Am întâlnit chiar și o fată care locuiește alături și a spus că va merge cu mine la școală în prima mea zi.

geweldige eerste week in mijn nieuwe huis, en ik ben opgewonden over alle nieuwe avonturen die in het verschiet liggen. Vandaag ga ik weer op verkenning in de achtertuin en kijken wat ik nog meer kan vinden. Wie weet, misschien vind ik wel een **schat**. Ik kan niet wachten om te zien wat de volgende week brengt! De volgende week ging ik weer op verkenning in de achtertuin, en ik vond een **geheime** tuin. Het was zo mooi! Er waren overal bloemen en een kleine vijver met vissen erin. Ik zag ook een schommel die ik nog niet eerder had gezien. Ik was zo opgewonden toen ik deze geheime tuin vond, en ik kan niet wachten om hem verder te verkennen. Het was zo **mooi**!

Er waren overal bloemen en een kleine vijver met vissen erin. Ik zag ook een **schommel** die ik nog niet eerder had gezien. Ik was zo opgewonden toen ik deze geheime tuin vond, en ik kan niet wachten om hem verder te verkennen. Ik vond mijn nieuwe kamer ook geweldig. Hij was zo groot en licht, en er hingen al posters van mijn favoriete bands aan de muur. Ik hoefde niet eens mijn eigen **meubels** mee te nemen, want er stonden al een bed, een dressoir en een bureau. Dit wordt het beste jaar ooit! Ik was een beetje nerveus om op een nieuwe **school** te beginnen, maar al mijn nieuwe buren zijn zo vriendelijk. Ik heb zelfs een meisje ontmoet dat naast me woont, en ze zegt dat ze op mijn eerste dag met me naar school zal lopen.

Întrebări de înțelegere

1. Unde locuiește persoana în cauză?

2. Cum se simte persoana în noua casă?

3. Care este partea preferată a persoanei în cauză din noua casă?

4. Ce a găsit această persoană în grădină?

5. Cine sunt vecinii?

6. Cum s-au simțit primele zile ale persoanei în noua casă?

7. Care este partea preferată a persoanei din noua cameră?

8. Ce plănuiește persoana să facă mâine?

9. Care a fost cea mai bună parte a primei săptămâni a persoanei în noua casă?

10. Ce este totul în noua cameră a persoanei?

Begrip vragen

1. Waar woont de persoon?

2. Hoe vindt de persoon het in het nieuwe huis?

3. Wat is het favoriete deel van het nieuwe huis van de persoon?

4. Wat heeft de persoon in de tuin gevonden?

5. Wie zijn de buren?

6. Hoe voelde de persoon zich de eerste dagen in het nieuwe huis?

7. Wat is het favoriete deel van de nieuwe kamer van de persoon?

8. Wat is de persoon van plan morgen te doen?

9. Wat was het beste deel van de eerste week van de persoon in het nieuwe huis?

10. Wat is er allemaal in de nieuwe kamer van de persoon?

În tren

Am fugit la gară, dar am ajuns prea târziu. Trenul plecase deja fără mine. M-am simțit atât de **furioasă** și **dezamăgită** de mine însămi. Plănuisem să iau trenul pentru a-mi vizita bunicii care locuiesc la țară, dar acum trebuia să aștept o oră întreagă până la următorul tren. În schimb, am decis să mă plimb puțin prin oraș și am încercat să uit de ocazia ratată. În timp ce mă plimbam, am început să **visez cu ochii deschiși** la toate locurile în care te pot duce **trenurile.** Dintr-o dată, nu am mai fost atât de supărat. Mă întorc în gară și nu mă pot abține să nu observ locomotiva mare, roșie, albă și albastră care se îndrepta spre mine. Abia când îl văd pe **conductor** făcându-mi cu mâna de la fereastră, îmi dau seama că acest tren este pentru mine. Mă urc în tren și îmi găsesc un loc, așezându-mă pentru ceea ce se anunță a fi o călătorie lungă.

În timp ce ieșim din gară, nu pot să nu mă întreb unde mă va duce acest tren. Prin **câmpuri** verzi și peste râuri albastre, pe lângă munți și văi, nu se știe unde va ajunge acest tren vechi. Pe măsură ce noaptea începe să cadă, mă las purtat de un somn **liniștit**, legănat de mișcarea **ritmică** a vagoanelor pe șinele de jos. Când vine din nou dimineața, deschid ochii și descopăr că am ajuns într-un orășel undeva în mijlocul pustietății.

In de trein

Ik rende naar het treinstation, maar ik was te laat. De trein was al vertrokken zonder mij. Ik voelde me zo **boos** en **teleurgesteld** in mezelf. Ik was van plan om met de trein naar mijn grootouders te gaan die op het platteland wonen, maar nu moest ik een heel uur wachten op de volgende trein. Ik besloot in plaats daarvan een eindje door de stad te lopen en probeerde mijn gemiste kans te vergeten. Terwijl ik liep, begon ik **te dagdromen** over alle plaatsen waar **treinen** je kunnen brengen. Plotseling was ik niet meer zo van streek. Ik liep terug naar het station en zag de grote rood-wit-blauwe locomotief die op me af kwam rijden. Pas als ik de **conducteur** vanuit het raam naar me zie zwaaien, realiseer ik me dat deze trein voor mij is. Ik stap in de trein en zoek een zitplaats. Ik ga zitten voor wat een lange reis belooft te worden.

Terwijl we het station uitrijden, vraag ik me af waar deze trein me heen zal brengen. Door groene **velden** en over blauwe rivieren, langs bergen en valleien, het is niet te zeggen waar deze oude trein heen zal gaan. Als de nacht begint te vallen, drijf ik weg in een **vredige** slaap, gewiegd door de **ritmische** beweging van de wagons op de sporen beneden. Als het weer ochtend wordt, open ik mijn ogen en zie dat we in een klein stadje

Soarele abia se întrezărește la orizont în timp ce localnicii încep să se agite pe strada principală; arată ca orice altă zi aici, cu excepția unui singur lucru - lângă primărie este afișat un panou mare pe care scrie “Bine ați venit la bord!”. Se pare că acest orășel ne aștepta, chiar dacă suntem doar un tren de **pasageri** obișnuit care trece pe aici în drum spre altă parte. În timp ce lăsăm din nou orașul în urma noastră, mergând cu viteză spre cine știe ce destinație viitoare, zâmbesc la toate fețele prietenoase care ne fac cu mâna din acele căsuțe cuibărite printre **terenuri agricole -** este cu adevărat uimitor cum ceva atât de aparent obișnuit poate aduce atât de multă bucurie prin simpla noastră trecere. Și apoi, bineînțeles, mai sunt și **copiii**.

Mă aplec pe fereastra locomotivei mele. Întotdeauna mă fac să mă simt atât de fericit cu ochii lor strălucitori și cu zâmbetele lor mari. Le-am făcut cu mâna energic înainte de a mă întoarce în **cabina** mea și de a lua loc. A fost deja o zi lungă, dar încă nu s-a terminat; mai sunt câteva ore până când vom ajunge la **destinația** noastră finală. Îmi scot cartea și încep să citesc, lăsând legănarea ritmică a trenului să mă adoarmă într-o stare de liniște. Din când în când, ridic privirea spre peisajul care trece pe afară - nu se învechește niciodată, indiferent de câte ori îl văd. În cele din urmă, noaptea începe să cadă și lumini **strălucitoare** încep să apară în depărtare; ne apropiem acum. Destul de curând, intrăm în stație și ne oprim.

ergens in niemandsland zijn aangekomen. De zon komt net boven de horizon als de plaatselijke bevolking zich in de hoofdstraat begint te mengen; het ziet er hier uit als elke andere dag, behalve één ding - er hangt een groot bord bij het stadhuis met de tekst “Welkom aan boord!” Het lijkt erop dat dit stadje ons verwacht, ook al zijn we maar een gewone passagierstrein op doorreis naar elders. Terwijl we de stad weer achter ons laten, op weg naar wie weet waar, glimlach ik om al die vriendelijke gezichten die ons uitzwaaien vanuit die kleine huisjes tussen **het boerenland -** het is echt verbazingwekkend hoe iets dat zo gewoon lijkt, zoveel vreugde kan brengen door er gewoon langs te rijden. En dan, natuurlijk, zijn er de **kinderen**.

Ik leun uit het raam van mijn locomotief. Ze maken me altijd zo blij met hun stralende ogen en grote grijnzen. Ik zwaai energiek naar ze terug voordat ik terugga naar mijn **cabine** en ga zitten. Het was al een lange dag, maar hij is nog niet voorbij; het duurt nog een paar uur voordat we onze **eindbestemming** bereiken. Ik pak mijn boek en begin te lezen, terwijl het ritmische schommelen van de trein me in een vredige toestand brengt. Af en toe kijk ik op naar het landschap dat buiten aan me voorbijtrekt - het verveelt nooit, hoe vaak ik het ook zie. Uiteindelijk begint de nacht te vallen en verschijnen er **twinkelende** lichtjes in de verte; we komen nu in de buurt. Snel genoeg rijden we het station binnen en komen tot stilstand.

Întrebări de înțelegere

1. Unde se îndreaptă trenul?

2. Cine călătorește în tren?

3. Când pleacă trenul?

4. Cum ajunge protagonistul în tren?

5. De unde vine trenul?

6. Unde merge trenul în continuare?

7. Când au sosit pasagerii?

8. Cum se simte protagonistul când pierde trenul?

9. Cum reacționează mecanicul de tren când îl vede pe protagonist?

10. De ce îi plac trenurile protagonistului?

Begrip vragen

1. Waar gaat de trein heen?

2. Wie reist er met de trein?

3. Wanneer vertrekt de trein?

4. Hoe komt de hoofdpersoon op de trein?

5. Waar komt de trein vandaan?

6. Waar gaat de trein nu heen?

7. Wanneer zijn de passagiers aangekomen?

8. Hoe voelt de hoofdpersoon zich als hij de trein mist?

9. Hoe reageert de treinmachinist als hij de hoofdpersoon ziet?

10. Waarom houdt de hoofdpersoon van treinen?

Gătitul cinei

Este ora 17.00 și mă întorc acasă de la serviciu. Aștept cu **nerăbdare** să am o seară liniștită acasă cu partenerul meu. Vom găti cina împreună și apoi ne vom relaxa pentru restul nopții. Mă simt bine să știu că nu am planuri sau obligații în această **seară**. Ajung acasă și partenerul meu este deja în bucătărie, începând să pregătească cina noastră. Miroase **extraordinar** aici! Stăm de vorbă în timp ce gătim, punându-ne la curent cu zilele celuilalt și împărtășind mici povești din viața noastră profesională. Bucătăria este camera mea preferată din apartamentul nostru. Îmi place să gătesc și, mai ales, îmi place să gătesc cu partenerul meu. Întotdeauna ne simțim atât de bine aici, râzând și glumind în timp ce gătim ca o furtună. În plus, mâncarea este întotdeauna **incredibilă atunci când** lucrăm **împreună**.

În această seară, pregătim una dintre rețetele mele preferate din toate timpurile: **pui cu** parmezan. Partenerul meu începe prin a împăna puiul, în timp ce eu pun sosul la fiert pe **aragaz**. Lucrăm împreună ca o mașină bine unsă și, în scurt timp, cina este gata de servit. Ne așezăm la mica noastră masă din bucătărie cu **farfurii** pline cu pui parmezan, paste și salată. Ciocnim paharele și luăm prima îmbucătură - și

Diner koken

Het is nu 5 uur ‘s middags en ik loop van mijn werk naar huis. Ik kijk **uit** naar een rustige avond thuis met mijn partner. We zullen samen eten koken en dan de rest van de avond ontspannen. Het voelt goed om te weten dat ik deze **avond** geen plannen of verplichtingen heb. Ik kom thuis en mijn partner is al in de keuken om ons eten klaar te maken. Het ruikt hier geweldig! We kletsen terwijl we koken, praten bij over elkaars dagen en delen kleine verhalen uit ons werkleven. De keuken is mijn favoriete kamer in ons appartement. Ik hou van koken, en vooral van koken met mijn partner. We hebben het hier altijd zo gezellig, we lachen en maken grapjes terwijl we koken. En het eten is altijd **heerlijk** als we **samenwerken**.

Vanavond maken we een van m’n lievelingsrecepten: Parmezaanse kip. Mijn partner begint met het paneren van de kip, terwijl ik de saus op het **fornuis** laat pruttelen. We werken samen als een goed geoliede machine en al snel is het eten klaar om op te dienen. We gaan aan onze kleine keukentafel zitten met **borden** vol met Parmezaanse kip, pasta en salade. We klinken op de glazen en nemen onze eerste hap, en het is **hemels**! De kip is knapperig van buiten maar sappig van binnen; de saus is smaakvol en perfect;

este **divin**! Puiul este crocant la exterior, dar suculent în interior; sosul este savuros și perfect; pastele sunt gătite al dente... totul are un gust absolut perfect în seara asta. Amândoi știm că aceasta a fost una dintre acele nopți în care totul s-a potrivit perfect, în timp ce **savurăm** până la ultima îmbucătură din delicioasa noastră masă. A avut un gust chiar mai bun decât mirosea - ceea ce a fost al naibii de bun! Ne terminăm masa relativ repede, deoarece niciunul dintre noi nu este deosebit de înfometat astăzi, dar nu ne grăbim să savurăm încă câteva **pahare de** vin în timp ce discutăm ușor despre asta și despre celălalt subiect. După cină, facem curățenie rapid împreună și apoi ne mutăm în sufragerie, unde ne petrecem ceva timp **îmbrățișându-ne** pe canapea în timp ce ne uităm la televizor.

Este atât de plăcut să fim aproape unul de celălalt după o zi lungă de **lucru**. Mă simt mulțumită. Chiar dacă nu am avut o seară plină de evenimente, a fost plăcut să petrecem puțin timp împreună fără să fim nevoiți să ieșim din casă. Ne-am uitat la un film și ne-am culcat devreme, simțindu-ne **mulțumiți** de noaptea noastră simplă. Acesta a devenit unul dintre lucrurile noastre **preferate de** făcut în serile în care nu vrem să ieșim în oraș - doar să ne relaxăm acasă și să ne bucurăm de compania celuilalt la o masă gătită în casă. Este întotdeauna plăcut să știm că ne putem întoarce aici după o zi lungă și să fim noi înșine.

de pasta is al dente gekookt... alles smaakt absoluut perfect vanavond. We weten allebei dat dit een van die avonden was waarop alles perfect samenkwam en we **genieten van** elke laatste hap van onze heerlijke maaltijd. Het smaakte nog beter dan het rook, en dat was verdomd goed! We eten relatief snel, omdat geen van ons beiden vandaag honger heeft, maar we nemen de tijd om nog een paar **glazen** wijn te drinken terwijl we luchtig kletsen over van alles en nog wat. Na het eten ruimen we snel samen op en gaan dan naar de woonkamer, waar we een poosje **knuffelen** op de bank terwijl we TV kijken.

Het voelt zo fijn om dicht bij elkaar te zijn na een lange dag apart **werken**. Ik voel me voldaan. Ook al hadden we geen avond vol belevenissen, het was fijn om gewoon wat tijd met elkaar door te brengen zonder het huis uit te hoeven. We keken een film en gingen vroeg naar bed, met een **voldaan** gevoel over onze eenvoudige avond. Dit is een van onze **favoriete** dingen geworden om te doen op avonden dat we niet uit willen gaan - gewoon thuis ontspannen en genieten van elkaars gezelschap tijdens een zelfgekookte maaltijd. Het is altijd fijn om te weten dat we hier na een lange dag kunnen terugkomen en gewoon onszelf kunnen zijn.

Întrebări de înțelegere

1. De unde vine naratorul?

2. Ce face naratorul după serviciu?

3. Ce mănâncă naratorul la cină?

4. De ce îi place naratorului bucătăria?

5. Ce fel de mâncare gătește cuplul?

6. Cum se simte naratorul la sfârșitul serii?

7. Care este lucrul preferat al cuplului pentru a face?

8. Ce face cuplul atunci când obosește?

9. Unde dorm ei?

10. De ce îi place naratorului să stea acasă?

Begrip vragen

1. Waar komt de verteller vandaan?

2. Wat doet de verteller na het werk?

3. Wat eet de verteller als avondeten?

4. Waarom houdt de verteller van de keuken?

5. Wat voor gerecht kookt het stel?

6. Hoe voelt de verteller zich aan het eind van de avond?

7. Wat is het favoriete ding van het koppel om te doen?

8. Wat doet het stel als ze moe worden?

9. Waar slapen ze?

10. Waarom blijft de verteller graag thuis?

Mergând acasă

Era o noapte **liniștită în** timp ce mă întorceam acasă de la serviciu. În timp ce mergeam, nu m-am putut abține să nu zâmbesc la amintiri. Mă simțeam bine să mă întorc în vechiul meu cartier. Am salutat câteva persoane pe care le cunoșteam, iar ele mi-au răspuns cu mâna. Era bine să fiu acasă. Am trecut pe lângă vechea mea școală și mi-am **amintit de** toate momentele frumoase pe care le-am petrecut cu prietenii mei. Întotdeauna mergeam acasă împreună și vorbeam despre ziua noastră. **Uneori ne** opream să luăm înghețată sau mergeam în parc. Acelea erau cele mai frumoase momente. Mi-e dor de acele vremuri. Dar acum am propria mea familie și sunt fericită cu viața mea. Mă bucur că pot să mă uit înapoi la acele amintiri și să zâmbesc. Sunt o parte din viața mea pe care o voi prețui mereu. Acelea au fost cele mai frumoase vremuri. Îmi lipsesc acele vremuri. Dar acum am propria mea familie și sunt fericită cu viața mea. Mă bucur că pot să mă uit înapoi la acele **amintiri** și să zâmbesc. Sunt o parte din viața mea pe care o voi prețui mereu.

Continui să merg, gândindu-mă la momentele frumoase pe care le-am petrecut cu prietenii mei. Știu că îi voi revedea în curând. Mă îndrept spre casa mea și decid să mă plimb printr-un parc din apropiere. Soarele

Walking Home

Het was een **rustige** avond toen ik van mijn werk naar huis liep. Terwijl ik liep, kon ik niet anders dan glimlachen bij de herinneringen. Het voelde goed om terug in mijn oude buurt te zijn. Ik zwaaide naar een paar mensen die ik kende, en zij zwaaiden terug. Het was goed om thuis te zijn. Ik liep langs mijn oude school en **herinnerde me** alle leuke tijden die ik had met mijn vrienden. We liepen altijd samen naar huis en praatten over onze dag. **Soms** stopten we om een ijsje te halen of gingen we naar het park. Dat waren de beste tijden. Ik mis die tijden. Maar nu heb ik mijn eigen familie en ik ben blij met mijn leven. Ik ben blij dat ik op die herinneringen kan terugkijken en glimlachen. Ze zijn een deel van mijn leven dat ik altijd zal koesteren. Dat waren de beste tijden. Ik mis die tijden. Maar nu heb ik mijn eigen familie en ben ik gelukkig met mijn leven. Ik ben blij dat ik kan terugkijken op die **herinneringen** en kan glimlachen. Ze zijn een deel van mijn leven dat ik altijd zal koesteren.

Ik blijf lopen, denkend aan de goede tijden die ik had met mijn vrienden. Ik weet dat ik ze snel weer zal zien. Ik ga richting mijn huis en besluit door een park in de buurt te lopen. De zon gaat onder en de lucht kleurt **prachtig** oranje. Het park is leeg, behalve een

apune, iar cerul capătă o **frumoasă** culoare portocalie. Parcul este pustiu, cu excepția câtorva păsări care ciripesc în copaci. **Respir** adânc și zâmbesc. În timp ce mă plimb prin parc, văd o stea căzătoare care străbate cerul. Mi-am pus o dorință pentru acea stea și am continuat să merg. Mă gândesc la ziua mea de la serviciu și la cât de **liniștită** a fost. Zâmbesc în sinea mea, gândindu-mă la cât de norocoasă sunt că am o slujbă atât de bună. Merg spre casă, **simțind** aerul rece al nopții pe pielea mea. Mă simt atât de vie și fericită, bucurându-mă doar de simplul act de a merge acasă într-o noapte liniștită. M-am simțit atât de bine, încât am început să **fluier**. Am trecut pe lângă câțiva oameni pe stradă, dar toți își vedeau de treaba lor.

Am cotit colțul străzii mele și am văzut pisica vecinului meu, domnul Mustăcios, stând pe verandă. L-am salutat, iar el mi-a răspuns cu un mieunat. Am **descuiat** ușa și am intrat înăuntru. Eram atât de fericită că eram acasă. M-am descălțat și m-am pregătit de culcare. M-am dus la culcare în acea noapte, fericită și recunoscătoare, cu inima plină de dragoste. Am dormit liniștită toată noaptea, fără să-mi fac griji pentru nimic. M-am trezit dintr-un somn odihnitor și am fost **întâmpinat** de soarele care strălucea pe fereastra mea. M-am dat jos din pat și m-am întins, respirând adânc și simțind cum aerul rece îmi umple plămânii. M-am îndreptat spre fereastra mea și am privit afară, auzind ciripitul păsărilor și jocul **veverițelor.**

paar vogels die in de bomen tjilpen. Ik haal diep **adem** en glimlach. Terwijl ik door het park loop, zie ik een vallende ster door de lucht scheren. Ik doe een wens op die ster, en loop verder. Ik denk aan mijn dag op het werk en hoe **vredig** het was. Ik glimlach in mezelf, denkend aan hoe gelukkig ik ben dat ik zo'n geweldige baan heb. Ik loop naar huis en **voel** de koele nachtlucht op mijn huid. Ik voel me zo levendig en gelukkig, gewoon genietend van de eenvoudige handeling van het naar huis lopen op een vredige avond. Ik voelde me zo goed, dat ik begon te **fluiten**. Ik liep langs een paar mensen op straat, maar ze bemoeiden zich allemaal met hun eigen zaken.

Ik draaide de hoek van mijn straat om en zag de kat van mijn buren, Mr. Whiskers, op mijn veranda zitten. Ik zei hem gedag en hij miauwde terug. Ik **deed** mijn deur **van het slot** en ging naar binnen. Ik was zo blij om thuis te zijn. Ik trok mijn schoenen uit en maakte me klaar om naar bed te gaan. Ik ging die avond naar bed met een blij en dankbaar gevoel, mijn hart vol liefde. Ik sliep de hele nacht rustig door, zonder me ergens zorgen over te maken. Ik werd wakker uit een rustgevende slaap en werd **begroet** door de zon die door mijn raam naar binnen scheen. Ik stapte uit bed en rekte me uit, haalde diep adem en voelde hoe de koele lucht mijn longen vulde. Ik liep naar mijn raam en keek naar buiten, hoorde de vogels kwetteren en de **eekhoorns** spelen.

Întrebări de înțelegere

1. Ce făcea protagonistul când a început povestea?

2. La ce se gândea protagonistul când mergea spre casă?

3. Ce obișnuia protagonistul să facă cu prietenii după școală?

4. Ce îi lipsește protagonistului din acele vremuri?

5. Ce crede protagonistul despre viața sa actuală?

6. Ce face protagonistul atunci când vede o stea căzătoare?

7. Cum se simte protagonistul atunci când se îndreaptă spre casă?

8. Ce face protagonistul când ajunge acasă?

9. Cum se simte protagonistul când se trezește a doua zi dimineața?

10. Ce face protagonistul a doua zi?

Begrip vragen

1. Wat was de hoofdpersoon aan het doen toen het verhaal begon?

2. Waar dacht de hoofdpersoon aan toen hij naar huis liep?

3. Wat deed de hoofdpersoon vroeger met vrienden na school?

4. Wat mist de hoofdpersoon van die tijd?

5. Wat vindt de hoofdpersoon van zijn huidige leven?

6. Wat doet de hoofdpersoon als hij een vallende ster ziet?

7. Hoe voelt de hoofdpersoon zich als ze naar huis lopen?

8. Wat doet de hoofdpersoon als ze thuiskomen?

9. Hoe voelt de hoofdpersoon zich als hij de volgende ochtend wakker wordt?

10. Wat doet de hoofdpersoon de volgende dag?

Castelul

Familia își dorise dintotdeauna să viziteze un castel vechi din **Germania și, în cele din** urmă, au făcut această călătorie. Nu au fost **dezamăgiți**. Castelul era frumos, iar ei s-au bucurat să îi exploreze numeroasele camere și coridoare. Primul lucru care i-a lovit a fost mirosul. Au găsit **mucegai**, umezeală și altceva pe care nu au putut pune degetul pe el. Al doilea lucru a fost sunetul. Pereții de piatră sunt groși, dar nu amortizează complet sunetul. Au auzit fiecare pas, fiecare cuvânt rostit cu voce normală și, ocazional, picuratul apei **undeva** în depărtare. Pe măsură ce ochii li s-au adaptat la lumina slabă, au văzut ziduri masive de piatră care se profilează în jurul lor, tapiserii atârnând de ele în zdrențe. Se aflau într-o sală imensă, cu un tavan înalt susținut de stâlpi sculptați. De asemenea, le-a plăcut priveliștea de la turnulețe, iar copiii s-au distrat de minune alergând pe teren. **Soarele** începuse să apună în momentul în care au terminat de explorat castelul și au regretat că nu au adus o **lanternă**. S-au hotărât să se întoarcă la intrare, dar s-au rătăcit curând. Au rătăcit ceea ce li s-a părut a fi ore întregi, până când, în cele din urmă, au dat peste o ușă care ducea afară. Au continuat până când au **ajuns la** capătul holului și au ajuns la un set impunător de uși duble. Oricât au încercat, ușile nu se mișcau. Zăngăneau **amenințător,** dar nu se mișcau nici măcar un centimetru. Se părea

Het kasteel

De familie had altijd al eens een oud kasteel in **Duitsland** willen bezoeken, en eindelijk hebben ze de reis gemaakt. Ze werden niet **teleurgesteld**. Het kasteel was prachtig, en ze genoten van het verkennen van de vele kamers en gangen. Het eerste wat hen trof was de geur. Ze vonden **schimmel**, vochtigheid, en iets anders waar ze hun vinger niet op konden leggen. Het tweede was het geluid. Stenen muren zijn dik, maar ze dempen het geluid niet volledig. Ze hoorden elke voetstap, elk woord dat met een normale stem werd gesproken, en af en toe een druppeltje water **ergens** in de verte. Toen hun ogen zich aanpasten aan het zwakke licht, zagen zij overal om hen heen massieve stenen muren opdoemen, waaraan wandtapijten in flarden hingen. Ze stonden in een enorme hal met een hoog plafond, ondersteund door gebeeldhouwde pilaren. Ze hielden ook van het uitzicht vanaf de torentjes, en de kinderen vermaakten zich met rondrennen over het terrein. De **zon** begon al onder te gaan tegen de tijd dat ze klaar waren met het verkennen van het kasteel, en ze betreurden het dat ze geen **zaklamp** hadden meegenomen. Ze besloten om terug te gaan naar de ingang, maar al snel waren ze verdwaald. Ze dwaalden urenlang rond, tot ze eindelijk een deur tegenkwamen die naar buiten leidde. Ze liepen door tot ze **aan het** eind van de gang

că cel care fusese aici înainte trebuie să fi trecut pe aici și să le fi încuiat din interior. În cele din urmă, găsiră o cale de ieșire. Ușurarea îi cuprinse în timp ce ieșeau în aerul răcoros al nopții.

Soarele începuse să apună, iar ei au **regretat** că nu și-au adus o lanternă. S-au hotărât să se întoarcă la intrare, dar s-au rătăcit repede. Au rătăcit ceea ce li s-a părut a fi ore întregi, până când, în cele din urmă, au dat peste o ușă care ducea **afară**. S-au simțit ușurați când au ieșit în aerul răcoros al nopții. În seara următoare, au avut grijă să ia o lanternă cu ei în timp ce explorau restul castelului. Au mers prin **curte** și au coborât până la râul care curgea în spatele zidurilor **castelului.** În timp ce se plimbau, au început să audă zgomote ciudate. Părea că cineva îi urmărea. Și-au accelerat pasul, dar zgomotele deveneau mai puternice și mai apropiate. Familia a fugit înapoi la castel cât de repede a putut și au fost ușurați să vadă că personajul cu mantie **întunecată** nu i-a urmărit.

kwamen bij een imposant stel dubbele deuren. Hoe ze ook probeerden, de deuren wilden niet bewegen. Ze rammelden **onheilspellend**, maar bewogen geen centimeter. Het leek erop dat degene die hier eerder was, hier doorheen was gegaan en ze van binnenuit had afgesloten. Uiteindelijk vinden ze een uitweg. Opluchting overspoelde hen toen ze naar buiten stapten in de koele nachtlucht.

De zon begon onder te gaan en zij **betreurden het** dat zij geen zaklamp hadden meegenomen. Ze besloten terug te gaan naar de ingang, maar al gauw waren ze verdwaald. Ze dwaalden urenlang rond, tot ze eindelijk een deur tegenkwamen die **naar buiten** leidde. Opluchting overviel hen toen ze naar buiten stapten in de koele nachtlucht. De volgende avond namen ze een zaklamp mee om de rest van het kasteel te verkennen. Ze liepen over de **binnenplaats** en naar de rivier die achter de kasteelmuren stroomde. Terwijl ze rondliepen, begonnen ze vreemde geluiden te horen. Het klonk alsof iemand hen volgde. Ze versnelden hun pas, maar de geluiden werden luider en dichterbij. De familie rende zo snel als ze konden terug naar het kasteel, en ze waren opgelucht toen ze zagen dat de figuur in de **donkere** mantel hen niet was gevolgd.

Întrebări de înțelegere

1. Ce a făcut familia când s-a pierdut în castel?

2. Ce a simțit familia când a aflat că era vorba doar de un localnic?

3. Ce a făcut bărbatul de a fost arestat?

4. Care a fost sentința pentru acest om?

5. Ce zgomot a auzit familia în timp ce se plimba?

6. Unde se afla personajul în mantie întunecată când l-a văzut familia?

7. Ce a făcut familia când s-a întors în camera lor?

8. Când a mers familia să exploreze din nou castelul?

9. Care era lucrul pe care familia nu-l putea identifica?

10. Ce a făcut familia înainte de a merge din nou să exploreze castelul?

Begrip vragen

1. Wat deed de familie toen ze verdwaald waren in het kasteel?

2. Hoe voelde de familie zich toen ze erachter kwamen dat het gewoon een lokale man was?

3. Wat heeft de man gedaan waardoor hij gearresteerd is?

4. Wat was de straf voor de man?

5. Welk geluid hoorde de familie tijdens de wandeling?

6. Waar was de figuur in de donkere mantel toen de familie hem zag?

7. Wat deed de familie toen ze terugkwamen in hun kamer?

8. Wanneer ging de familie het kasteel weer verkennen?

9. Wat was het ding waar de familie hun vinger niet op konden leggen?

10. Wat deed de familie voordat ze weer op verkenning gingen in het kasteel?

Grădina mea

Grădina mea este locul meu fericit. Mă duc acolo în fiecare zi, fie că plouă, fie că e soare, și îmi petrec timpul îngrijindu-mi plantele. Am câte puțin din **toate - legume**, fructe, flori, ierburi aromatice. Am chiar și câteva găini care mă ajută să țin la distanță dăunătorii. Îmi încep zilele în grădină culegând ouă de la găini. Apoi îmi verific legumele, asigurându-mă că primesc suficientă apă și soare. Curăț paturile de buruieni și culeg orice gândac care ar putea **ataca** plantele. După ce **totul** este rezolvat, mă așez și mă bucur de pacea și liniștea naturii.

Întotdeauna mi-a plăcut să-mi petrec timpul în grădină. Este ceva în a fi înconjurat de natură și de toată **frumusețea pe care o** oferă. Consider că este un loc foarte liniștit și liniștitor. Deseori îmi petrec timp în grădina mea doar relaxându-mă și bucurându-mă de peisaj. De asemenea, îmi place să lucrez în grădină și să cultiv lucruri. Am o grădină destul de mare și îmi place să cultiv o varietate de lucruri **diferite** în ea. Cultiv flori, **legume** și ierburi aromatice. De asemenea, am câțiva pomi fructiferi care produc mere, pere și prune delicioase. Pe lângă cultivarea de plante, îmi place să petrec timpul plimbându-mă prin grădină, **admirând** diferitele plante și animale care o locuiesc. Am petrecut

Mijn tuin

Mijn tuin is mijn geluksplek. Ik ga er elke dag heen, regen of zonneschijn, en besteed tijd aan het verzorgen van mijn planten. Ik heb een beetje van **alles: groenten**, fruit, bloemen, kruiden. Ik heb zelfs een paar kippen die helpen het ongedierte op afstand te houden. Ik begin mijn dagen in de tuin met het rapen van eieren bij de kippen. Dan controleer ik mijn groenten en zorg ervoor dat ze genoeg water en zon krijgen. Ik wied de bedden en verwijder insecten die de planten kunnen **aanvallen**. Als **alles** is gedaan, leun ik achterover en geniet van de rust en stilte van de natuur.

Ik heb altijd graag tijd doorgebracht in mijn tuin. Er is iets met het omringd zijn door de natuur en al het **moois** dat zij te bieden heeft. Ik vind het een heel vredige en kalmerende plek. Ik breng vaak tijd door in mijn tuin, gewoon om te ontspannen en te genieten van het landschap. Ik geniet er ook van om in mijn tuin te werken en dingen te kweken. Ik heb een behoorlijk grote tuin, en ik kweek er graag **verschillende** dingen in. Ik kweek bloemen, **groenten** en kruiden. Ik heb ook een paar fruitbomen die heerlijke appels, peren en pruimen voortbrengen. Naast het kweken van dingen, vind ik het ook leuk om gewoon in mijn tuin rond te lopen en de verschillende planten en dieren te

multe ore de-a lungul anilor lucrând la transformarea **grădinii** mele într-un loc care să fie nu doar frumos, ci și funcțional. Îmi place să privesc păsările cum zburdă și să le ascult cum cântă. Uneori chiar scot o carte și citesc în grădină, înconjurată de toată frumusețea pe care am creat-o. **Grădinăritul** este pasiunea mea și îmi aduce atât de multă bucurie. Fiecare zi în grădina mea este o zi bună.

Unul dintre lucrurile pe care îmi place să le fac este să gătesc, așa că este foarte **important pentru** mine să am o grădină de plante aromatice bine aprovizionată. Cimbrul, busuiocul, oregano, rozmarinul, salvia și lavanda sunt doar câteva dintre plantele aromatice pe care îmi place să le cultiv în grădină, astfel încât să le pot folosi atunci când gătesc pentru mine sau pentru **oaspeți**. Un alt lucru care este important pentru mine când vine vorba de grădina mea este să mă asigur că există multă culoare în toată grădina. Pentru a atinge acest obiectiv, cultiv o mare varietate de flori, inclusiv **trandafiri**, crini, margarete, lalele, impatiens, gălbenele etc. Pe lângă adăugarea de culoare cu ajutorul florilor, îmi place să adaug interes prin utilizarea diferitelor **texturi în** întreaga grădină. De exemplu, aș putea planta ferigi sub floarea-soarelui sau hostas **alături de** ierburi ornamentale cu țepi. Indiferent ce se întâmplă în viață, lucrul în grădină **reușește** întotdeauna să mă ajute să mă simt mai conectată la natură și mai împăcată cu mine însămi.

bewonderen die er wonen. Ik heb in de loop der jaren vele uren besteed om van mijn **tuin** een plek te maken die niet alleen mooi is, maar ook functioneel. Ik kijk graag naar de vogels die rondfladderen en luister naar hun gezang. Soms haal ik zelfs een boek tevoorschijn en lees in de tuin terwijl ik omringd ben door al het moois dat ik heb gecreëerd. **Tuinieren** is mijn passie en het brengt me zoveel vreugde. Elke dag in mijn tuin is een goede dag.

Een van de dingen die ik graag doe is koken, dus een goed gevulde kruidentuin is erg **belangrijk** voor me. Tijm, basilicum, oregano, rozemarijn, salie en lavendel zijn slechts enkele van de kruiden die ik graag in mijn tuin kweek, zodat ik ze kan gebruiken bij het bereiden van maaltijden voor mezelf of voor **gasten**. Wat ik ook belangrijk vind in mijn tuin is dat er veel kleur in zit. Om dit doel te bereiken, kweek ik een grote verscheidenheid aan bloemen, waaronder **rozen**, lelies, madeliefjes, tulpen, impatiens, goudsbloemen, enz. Naast het toevoegen van kleur met bloemen, vind ik het ook leuk om verschillende **texturen te** gebruiken in de tuin. Zo plant ik bijvoorbeeld varens onder torenhoge zonnebloemen of hosta's **naast** stekelige siergrassen. Wat er verder ook aan de hand is in mijn leven, door in mijn tuin **te** werken voel ik me altijd meer verbonden met de natuur en in vrede met mezelf.

Întrebări de înțelegere

1. Unde se află grădina autorului?

2. Câte găini are autorul?

3. Ce face autorul în grădină în fiecare zi?

4. De ce îi place autorului grădina?

5. Ce plante aromatice plantează autorul în grădină?

6. De ce este important pentru autor faptul că în grădina sa există multe culori?

7. Cum aduce autorul varietate în grădina sa?

8. Cum se simte autorul când lucrează în grădina sa?

9. Ce îl face pe autor să se simtă conectat atunci când se află în grădina sa?

10. De ce fiecare zi în grădina autorului este o zi bună?

Begrip vragen

1. Waar is de tuin van de auteur?

2. Hoeveel kippen heeft de schrijver?

3. Wat doet de schrijver elke dag in de tuin?

4. Waarom houdt de auteur van de tuin?

5. Welke kruiden plant de auteur in de tuin?

6. Waarom is het belangrijk voor de auteur dat er veel kleuren in zijn tuin zijn?

7. Hoe brengt de auteur afwisseling in zijn tuin?

8. Hoe voelt de schrijver zich als hij in zijn tuin werkt?

9. Waardoor voelt de auteur zich verbonden als hij in zijn tuin is?

10. Waarom is elke dag in de tuin van de auteur een goede dag?

Mergând la cumpărături

Îmi place să merg la **cumpărături** în mall. Este întotdeauna atât de distractiv să te plimbi și să te uiți la toate magazinele diferite. Există câte ceva pentru toată lumea în mall și este întotdeauna un loc minunat pentru a găsi oferte la haine, pantofi și accesorii. De **obicei**, îmi încep excursia de cumpărături mergând prin **intrarea** principală a mall-ului. De acolo, mă îndrept mai întâi spre magazinele mele preferate. După ce mă uit prin acele magazine, mă plimb și văd dacă sunt reduceri în alte locuri. De obicei, sfârșesc prin a petrece câteva ore în mall înainte de a-mi face în cele din urmă cumpărăturile. Întotdeauna îmi place să nu mă grăbesc atunci când fac cumpărături, **deoarece** vreau să mă asigur că iau **exact** ceea ce îmi doresc. În plus, e mai distractiv așa!

Întotdeauna mi se pare atât de **fascinant** să privesc oamenii în timp ce sunt la mall. Poți spune multe despre o persoană după felul în care își face cumpărăturile. Unii oameni sunt foarte metodici și nu se grăbesc, în timp ce alții par să ia **tot ce** pot și se îndreaptă spre casă cât mai repede posibil. Există, de asemenea, acei cumpărători care par mai interesați să vorbească la telefonul mobil sau să trimită mesaje text decât

Gaan winkelen

Ik hou ervan om te gaan **winkelen** in het winkelcentrum. Het is altijd zo leuk om rond te lopen en naar alle verschillende winkels te kijken. Er is voor elk wat wils in het winkelcentrum, en het is altijd een geweldige plek om deals te vinden voor kleren, schoenen en accessoires. Ik begin mijn shoppingtrip meestal met een wandeling door de **hoofdingang** van het winkelcentrum. Van daaruit ga ik eerst naar mijn favoriete winkels. Na het bekijken van die winkels, loop ik rond en kijk of er een verkoop gaande is op andere plaatsen. Meestal ben ik wel een paar uur in het winkelcentrum voordat ik eindelijk mijn aankopen doe. Ik neem altijd graag mijn tijd als ik ga winkelen**, want** ik wil zeker weten dat ik **precies** krijg wat ik wil. Plus, het is gewoon leuker op die manier!

Ik vind het altijd zo **fascinerend** om mensen te kijken als ik in het winkelcentrum ben. Je kunt echt veel over een persoon vertellen door de manier waarop ze winkelen. Sommige mensen zijn heel methodisch en nemen hun tijd, terwijl anderen gewoon lijken te grijpen **wat** ze kunnen en zo snel mogelijk naar de kassa gaan. Er zijn ook shoppers die meer geïnteresseerd lijken te zijn in het praten op hun mobieltje of in sms'en dan

să se uite efectiv la marfă! Indiferent de ce fel de cumpărător ești, totuși, toată lumea pare să se bucure de cumpărături din vitrine - chiar dacă nu cumperi nimic. Pur și simplu, privitul la toate lucrurile frumoase din **vitrinele** magazinelor este ceva care mă face fericită. Uneori îmi imaginez cum ar fi dacă mi-aș putea permite **tot ceea ce** văd! Una peste alta, să petrec o zi la cumpărături la mall este una dintre distracțiile mele preferate. Este o modalitate excelentă de a te relaxa și de a te destinde, făcând în același timp și puțină mișcare (dacă te plimbi suficient). În plus, este **întotdeauna** plăcut să te răsfeți cu o cămașă sau o pereche de pantofi noi din când în când!

Am avut o zi **lungă** la serviciu și, în sfârșit, am avut timp pentru mine, așa că am decis să merg la cumpărături la mall. Aveam nevoie de niște haine noi pentru sezonul **următor.** De îndată ce am intrat, am văzut toate luminile strălucitoare și vitrinele strălucitoare. M-am îndreptat mai întâi spre magazinul meu preferat și am început să răsfoiesc rafturile. Am găsit câteva topuri drăguțe și le-am probat în cabina de probă. În timp ce mă priveam în oglindă, am auzit pe cineva intrând în cabina de **probă de lângă a** mea. I-am recunoscut vocea ca fiind a unuia dintre colegii mei de muncă. Ne-am salutat și am început să discutăm despre muncă. După câteva minute, am terminat amândoi și am plecat **fiecare** pe drumul lui, dar ne-am întâlnit din nou mai târziu.

in het bekijken van de koopwaar! Het maakt echter niet uit wat voor soort shopper je bent, iedereen lijkt te genieten van window shopping - zelfs als je niet echt iets koopt. Er is gewoon iets aan het kijken naar al die mooie dingen in de **etalages** dat me gelukkig maakt. Soms fantaseer ik over hoe het zou zijn als ik me **alles** kon veroorloven wat ik zie! Al met al is een dagje winkelen in het winkelcentrum een van mijn favoriete bezigheden. Het is een geweldige manier om te ontspannen en tot rust te komen, terwijl je ook een beetje beweging krijgt (als je maar genoeg rondloopt). Bovendien is het **altijd** leuk om jezelf af en toe te trakteren op een nieuw shirt of een paar schoenen!

Ik had een **lange** dag op het werk en had eindelijk wat tijd voor mezelf, dus besloot ik te gaan winkelen in het winkelcentrum. Ik had wat nieuwe kleren nodig voor het **komende** seizoen. Zodra ik binnenkwam, zag ik al die felle lichten en glimmende etalages. Ik ging eerst naar mijn favoriete winkel en begon door de rekken te snuffelen. Ik vond een paar leuke topjes en paste ze in de kleedkamer. Terwijl ik mezelf in de spiegel bekeek, hoorde ik iemand de kleedkamer naast de mijne binnenkomen. Ik herkende zijn stem als een van mijn collega's. We zeiden hallo en begonnen te kletsen over het werk. Na een paar minuten waren we allebei klaar en gingen we onze **eigen** weg, maar later kwamen we elkaar weer tegen.

Întrebări de înțelegere

1. Unde vă place să depozitați cel mai mult?

2. Care este magazinul tău preferat din mall?

3. Cât timp stați de obicei la mall?

4. Ce părere aveți despre oamenii care petrec mult timp la mall?

5. Care este lucrul pe care îl preferați să îl faceți la mall?

6. Ați cumpărat vreodată ceva la mall când nu aveați nevoie de acel lucru?

7. Cum reacționați când vedeți la mall ceva ce v-ar plăcea foarte mult, dar este prea scump?

8. Ați văzut vreodată ceva la mall și v-ați întrebat cine l-ar cumpăra?

9. Ce părere aveți despre oamenii care sunt ocupați cu telefoanele mobile în mall în loc să se uite la magazine?

Begrip vragen

1. Waar sla je het liefst op?

2. Wat is je favoriete winkel in het winkelcentrum?

3. Hoe lang blijft u meestal in het winkelcentrum?

4. Wat vind je van mensen die veel tijd in het winkelcentrum doorbrengen?

5. Wat is uw favoriete bezigheid in het winkelcentrum?

6. Heb je ooit iets gekocht in het winkelcentrum terwijl je het niet echt nodig had?

7. Hoe reageert u als u in het winkelcentrum iets ziet dat u heel graag zou willen hebben, maar dat te duur is?

8. Heb je ooit iets in het winkelcentrum gezien en je afgevraagd wie het zou kopen?

9. Wat vindt u van mensen die in het winkelcentrum met hun mobieltje bezig zijn in plaats van naar de winkels te kijken?

La piață

Mă trezesc devreme sâmbătă dimineața, nerăbdător să ajung la **piață** înainte să fie prea aglomerată. Îmi arunc câteva haine pe mine și ies pe ușă, luându-mi pe drum pungile reutilizabile. În timp ce merg, încep să planific ce vreau să fac pentru săptămâna care urmează. Știu că vreau să **prăjesc** legume cel puțin o dată, așa că va trebui să cumpăr legume de bună calitate. De asemenea, vreau să fac o supă sau o tocană, așa că va trebui să iau și niște carne. Va trebui să văd ce mi se pare bun când ajung acolo. Piața este la doar câteva străzi distanță și deja văd tarabele instalate și **oamenii care se** înghesuie.

Ajung la piață și mă îndrept direct spre standul de legume. Selecția este frumoasă, iar eu îmi umplu sacoșele cu o varietate de produse **proaspete.** Stau puțin de vorbă cu fermierul, iar acesta îmi recomandă câteva rețete. Sunt nerăbdătoare să le încerc. Stau de vorbă cu **fermierii în** timp ce fac cumpărăturile, ajungând să îi cunosc pe ei și produsele lor. După ce am toate legumele de care am nevoie, trec la raionul de carne. Aici sunt puțin mai ezitantă, deoarece nu sunt sigură de ce vreau să iau. În cele din urmă mă decid pentru pui, deoarece este versatil și poate fi folosit într-o varietate de feluri de mâncare. De asemenea, cumpăr

Op de markt

Ik sta op zaterdagochtend vroeg op, popelend om naar de **markt te gaan** voordat het te druk wordt. Ik trek wat kleren aan en ga de deur uit, terwijl ik onderweg mijn herbruikbare tassen pak. Terwijl ik loop, begin ik te plannen wat ik de komende week wil maken. Ik weet dat ik minstens één keer groenten wil **roosteren**, dus ik moet wat groenten van goede kwaliteit kopen. Ik wil ook een soep of stoofpot maken, dus ik moet ook wat vlees kopen. Ik zal moeten kijken wat er goed uitziet als ik daar ben. De markt is maar een paar straten verderop, en ik zie de kraampjes al staan en de **mensen al rondlopen**.

Ik kom aan op de markt en ga meteen naar de groentekraam. Het aanbod is prachtig en ik vul mijn tassen met een verscheidenheid aan **verse** producten. Ik maak een praatje met de boer en hij raadt me een paar recepten aan. Ik ben enthousiast om ze uit te proberen. Ik maak een praatje met de **boeren** terwijl ik aan het winkelen ben en leer hen en hun producten kennen. Als ik alle groenten heb die ik nodig heb, ga ik naar de vleesafdeling. Ik aarzel een beetje, omdat ik niet zeker weet wat ik wil hebben. Uiteindelijk kies ik voor kip, omdat dat veelzijdig is en in allerlei gerechten kan worden gebruikt. Ik koop

câteva bucăți diferite de carne, asigurându-mă că iau carne de vită hrănită cu iarbă și **pui crescut în aer** liber. Măcelarul era un om prietenos, mereu vesel, în ciuda orelor lungi de lucru. Mi-a împachetat pieptul de pui și friptura înainte de a discuta cu mine despre planurile sale de weekend. Mi-am luat la revedere de la el și mi-am continuat drumul. Am luat și câteva ouă și brânză de la raionul de lactate.

Piața era plină de oameni, cu toții dornici să pună **mâna pe** produsele proaspete și pe carnea care erau oferite. Aerul era îmbibat cu miros de usturoi și ceapă, iar sunetul râsului și al conversațiilor umplea aerul. Mi-am făcut loc prin mulțime, alegând celelalte articole de care aveam nevoie pentru cumpărăturile săptămânale. Mi-am umplut **coșul** cu fructe și legume, paste și pâine, înainte de a mă îndrepta spre casă. Coada era lungă, dar se mișca repede. În cele din urmă, ultimele **cumpărături au fost** cumpărate și era timpul să plec acasă. Mașina a fost încărcată, iar drumul spre casă a fost lung și anevoios. Traficul era îngreunat, iar căldura era opresivă. În cele din urmă, mașina a intrat pe alee și ușurarea a fost palpabilă. Casa era răcoroasă și liniștită și era un refugiu după **agitația de la** piață. Totul a fost pus deoparte, iar casa a revenit în curând la liniștea obișnuită. Aveam tot ce-mi trebuia pentru a pregăti câteva mese **delicioase pentru** mine și pentru familia mea. Era bine să fiu acasă.

ook een paar verschillende stukken vlees, en zorg ervoor dat ik grasgevoerd rundvlees en **scharrelkip koop**. De slager was een vriendelijke man, altijd vrolijk ondanks de lange uren die hij werkte. Hij pakte mijn kippenborst en biefstuk in voordat hij met me praatte over zijn weekendplannen. Ik nam afscheid van hem en vervolgde mijn weg. Ik heb ook nog wat eieren en kaas meegenomen uit de zuivelafdeling.

Het krioelde van de mensen op de markt, die allemaal stonden te popelen om de verse producten en het vlees dat werd aangeboden in **handen te** krijgen. De lucht hing vol met de geur van knoflook en uien, en het geluid van gelach en gesprekken vulde de lucht. Ik baande me een weg door de menigte en zocht de andere dingen uit die ik nodig had voor mijn wekelijkse boodschappen. Ik vulde mijn **mandje** met fruit en groenten, pasta en brood, voordat ik naar de kassa ging. De rij was lang, maar het ging snel. Eindelijk waren de laatste **boodschappen** gedaan, en was het tijd om naar huis te gaan. De auto werd volgeladen, en de rit naar huis was lang en moeizaam. Het verkeer was druk en de hitte was drukkend. Eindelijk reed de auto de oprit op en de opluchting was voelbaar. Het huis was koel en stil, en het was een oase na de drukte van de markt. Alles werd opgeborgen, en het huis was al snel weer in zijn gebruikelijke rust en stilte. Ik had alles wat ik nodig had om **heerlijke** maaltijden te maken voor mezelf en voor mijn gezin. Het was goed om thuis te zijn.

Întrebări de înțelegere

1. Unde se duce persoana respectivă?

2. Ce dorește persoana să cumpere?

3. Câte pungi are persoana în cauză?

4. Cât de departe este piața?

5. Ce face persoana respectivă în acest moment?

6. Ce este totul pe piață?

7. Câte persoane sunt în piață?

8. Cât timp i-a luat persoanei să cumpere totul?

9. Cum s-a întors acasă persoana în cauză?

10. Ce a făcut persoana respectivă când a ajuns acasă?

Begrip vragen

1. Waar gaat de persoon heen?

2. Wat wil de persoon kopen?

3. Hoeveel tassen heeft de persoon?

4. Hoe ver weg is de markt?

5. Wat doet de persoon op dit moment?

6. Wat is alles op de markt?

7. Hoeveel mensen zijn er op de markt?

8. Hoe lang heeft de persoon erover gedaan om alles te kopen?

9. Hoe is de persoon naar huis gegaan?

10. Wat deed de persoon toen hij of zij thuiskwam?

La o cafenea

Era o dimineață răcoroasă de **toamnă,** iar eu stabilisem să mă întâlnesc cu prietena mea Lily la cafeneaua noastră preferată pentru o cafea. M-am învelit cu haina și fularul și am pornit la drum. Frunzele cădeau din copaci și aerul avea un iz de îngheț, dar soarele strălucea și promitea să fie o zi frumoasă. În timp ce mergeam, mă **gândeam** cât de bine era să am o prietenă ca Lily. Eram prietene de ani de zile, încă de când ne-am cunoscut la **universitate**. Ne-am legat prin dragostea noastră pentru cafea și prin faptul că ne petreceam timpul discutând în cafenele. Chiar dacă acum locuiam în părți diferite ale orașului, tot reușeam să ne întâlnim la o cafea o dată pe săptămână. Am ajuns la cafenea, iar Lily era deja acolo, așteptându-mă. Ne-am îmbrățișat pentru a ne saluta și apoi ne-am comandat cafelele. Am găsit o masă lângă fereastră și ne-am așezat să stăm de vorbă. **Cafeaua** a fost delicioasă, ca de obicei, și a fost atât de plăcut să mai vorbim cu Lily. Am vorbit despre săptămâna noastră, despre slujbele noastre și despre planurile noastre de viitor. Întotdeauna mi-a fost atât de ușor să vorbesc cu Lily și am simțit că pot să-i spun orice. După un timp, a început să ni se facă foame și am **decis** să comandăm ceva de mâncare.

In een café

Het was een kille **herfstochtend** en ik had met mijn vriendin Lily afgesproken in ons favoriete café voor een kopje koffie. Ik wikkelde me warm in mijn jas en sjaal en ging op weg. De bladeren vielen van de bomen en de lucht was een beetje fris, maar de zon scheen en het beloofde een mooie dag te worden. Terwijl ik liep, **dacht** ik aan hoe goed het was om een vriendin als Lily te hebben. We waren al jaren vriendinnen, sinds we elkaar op de **universiteit** ontmoetten. We kregen een band door onze voorliefde voor koffie en het kletsen in cafés. Ook al woonden we nu in verschillende delen van de stad, we kwamen nog steeds één keer per week samen om koffie te drinken. Ik kwam aan bij het café, en Lily zat daar al op me te wachten. We omhelsden elkaar en bestelden onze koffie. We vonden een tafeltje bij het raam en gingen zitten kletsen. De **koffie** was heerlijk, zoals altijd, en het was zo leuk om bij te praten met Lily. We spraken over onze week, onze banen, en onze plannen voor de toekomst. Het was altijd zo makkelijk om met Lily te praten, en ik had het gevoel dat ik haar alles kon vertellen. Na een tijdje begonnen we honger te krijgen en **besloten we** wat eten te bestellen.

We **bestelden** ons eten en zochten een plaatsje bij het raam. De zon scheen door het raam naar binnen,

Am **comandat** mâncarea și am găsit un loc lângă fereastră. Soarele strălucea prin fereastră, făcând ca totul să fie cald și vesel. Am stat de vorbă în timp ce ne mâncam mâncarea, bucurându-ne de plăcerea simplă de a fi în **compania** celuilalt. Cafeneaua era ocupată, dar nu părea aglomerată. În aer se simțea un sentiment de pace și mulțumire. După ce ne-am terminat mâncarea, am stat mai mult timp, bucurându-ne pur și simplu de **atmosfera** liniștită. Am vorbit o vreme despre diferite lucruri care se întâmplau în viețile noastre. A fost atât de plăcut să mă întâlnesc cu prietenul meu și să mă **relaxez**. Soarele strălucea prin fereastră și am simțit că **nimic nu** ne putea strica ziua noastră perfectă.

Dintr-o dată, am auzit un zgomot puternic. M-am întors și am văzut că un bărbat căzuse prin tavan și zăcea pe podea în fața noastră. Era **acoperit** de praf și resturi și părea inconștient. Eu și prietenul meu eram amândoi în stare de șoc în timp ce ne uitam la bărbatul întins pe podea. Nu știam ce să facem sau pe cine să chemăm după ajutor. Stăteam acolo și ne uitam fix la el, fără să știm ce să facem. După câteva minute, mi-am revenit și am sunat la 911. Operatoarea mi-a spus că cineva va ajunge acolo în curând. Am închis telefonul și i-am spus prietenului meu ce mi-a spus **operatorul.** Amândoi am stat acolo așteptând să sosească ajutoare. Mi s-a părut o veșnicie, dar în cele din urmă a apărut o ambulanță. Paramedicii s-au grăbit să intre și au început să lucreze la om.

waardoor alles warm en gelukkig aanvoelde. We babbelden terwijl we ons eten aten, en genoten van het simpele plezier om in elkaars **gezelschap** te zijn. Het was druk in het café, maar het voelde niet druk aan. Er hing een gevoel van vrede en tevredenheid in de lucht. Toen we ons eten op hadden, bleven we nog een tijdje zitten, genietend van de vredige **sfeer**. We praatten een tijdje over verschillende dingen die in ons leven waren gebeurd. Het was zo fijn om bij te praten met mijn vriend en gewoon **te ontspannen**. De zon scheen door het raam, en het voelde alsof **niets** onze perfecte dag kon verpesten.

Plotseling hoorde ik een harde klap. Ik draaide me om en zag dat een man door het plafond was gevallen en voor ons op de grond lag. Hij was **bedekt** met stof en puin en leek bewusteloos te zijn. Mijn vriend en ik waren allebei in shock toen we naar de man staarden die op de grond lag. We wisten niet wat we moesten doen of wie we moesten bellen voor hulp. We zaten daar gewoon naar hem te staren, niet wetend wat te doen. Na een paar minuten kwam ik bij en belde 911. De telefoniste zei me dat er zo iemand zou komen. Ik hing de telefoon op en vertelde mijn vriend wat de **telefoniste** had gezegd. We zaten daar allebei te wachten tot er hulp kwam. Het leek wel een eeuwigheid, maar uiteindelijk **kwam** er een ambulance. De ambulancebroeders snelden naar binnen en begonnen met de man te werken.

Întrebări de înțelegere

1. De unde vine omul care cade prin acoperiș?

2. De ce se află femeia cu prietena ei în cafenea?

3. Care este cafeneaua preferată a celor doi prieteni?

4. De cât timp se cunosc cei doi prieteni?

5. Care este băutura preferată a celor doi prieteni?

6. În ce oraș locuiesc cei doi prieteni?

7. Cât de des se întâlnesc cei doi prieteni?

8. Despre ce vorbesc cei doi prieteni atunci când se întâlnesc pentru prima dată la cafeneaua lor preferată?

9. Care este mâncarea preferată a celor doi prieteni?

10. De ce este atât de ușor să vorbești cu Lily?

Begrip vragen

1. Waar komt de man vandaan die door het dak valt?

2. Waarom is de vrouw met haar vriendin in het café?

3. Wat is het favoriete café van de twee vrienden?

4. Hoe lang kennen de twee vrienden elkaar al?

5. Wat is het favoriete drankje van de twee vrienden?

6. In welke stad wonen de twee vrienden?

7. Hoe vaak ontmoeten de twee vrienden elkaar?

8. Waar hebben de twee vrienden het over als ze elkaar voor het eerst ontmoeten in hun favoriete café?

9. Wat is het lievelingseten van de twee vrienden?

10. Waarom is het zo makkelijk om met Lily te praten?

Mergând la înot

Piscina a fost întotdeauna un loc **revigorant,** iar astăzi nu a fost diferit. Soarele strălucea, iar apa părea primitoare. Am respirat adânc și m-am scufundat, simțind îmbrățișarea răcoroasă a apei. Am înotat câteva ture de bazin, bucurându-mă de exercițiu și de șansa de a-mi limpezi mintea. După un timp, am ieșit și m-am uscat, apoi m-am așezat pe un prosop pentru a mă relaxa la soare. Am închis ochii și am lăsat **căldura să** mă cuprindă, simțind cum mușchii mei încep să se relaxeze. Dintr-o dată, am auzit un strop și am deschis ochii pentru a o vedea pe sora mea mai mică **vâslind** în zona de mică adâncime. Am zâmbit și am privit-o o vreme, apoi m-am ridicat și m-am îndreptat spre ea. Am stat puțin de vorbă și am vâslit împreună, bucurându-ne de compania celeilalte. În curând, părinții noștri ni s-au alăturat și ne-am petrecut restul după-amiezii înotând și jucându-ne împreună. Era întotdeauna atât de plăcut să petrecem timp cu familia la piscină. Este **ceva** în legătură cu prezența în apă care pare să aducă oamenii împreună. Poate pentru că suntem cu toții egali atunci când suntem în apă - nu ne putem ascunde defectele sau pretinde că suntem ceea ce nu suntem. Sau poate doar pentru că este distractiv! **Oricare ar fi** motivul, m-am bucurat că am putut să ne adunăm cu toții și să ne bucurăm de compania celorlalți într-un loc atât de

Gaan zwemmen

Het zwembad was altijd een **verfrissende** plek om te zijn, en vandaag was dat niet anders. De zon scheen en het water zag er uitnodigend uit. Ik haalde diep adem en dook erin, de koele omhelzing van het water voelend. Ik zwom een tijdje baantjes, genoot van de beweging en de kans om mijn hoofd leeg te maken. Na een tijdje kwam ik eruit en droogde me af, waarna ik op een handdoek ging zitten om te relaxen in de zon. Ik sloot mijn ogen en liet de **warmte** over me heen spoelen, ik voelde mijn spieren ontspannen. Plotseling hoorde ik een plons en ik opende mijn ogen om mijn kleine zusje te zien **poedelen** in het ondiepe gedeelte. Ik glimlachte en keek een tijdje naar haar, stond toen op en liep naar haar toe. We kletsten wat en peddelden samen wat rond, genietend van elkaars gezelschap. Al snel kwamen onze ouders erbij, en we brachten de rest van de middag zwemmend en spelend door. Het was altijd zo leuk om tijd met de familie in het zwembad door te brengen. Er is **iets** met in het water zijn dat mensen samenbrengt. Misschien is het omdat we allemaal gelijk zijn als we in het water zijn - we kunnen onze gebreken niet verbergen of doen alsof we iets zijn wat we niet zijn. Of misschien is het gewoon omdat het leuk is! **Wat** de reden ook is, ik was gewoon blij dat we allemaal bij elkaar konden komen en van elkaars gezelschap

special.

Soarele îmi bătea pe piele, iar în aer se simțea mirosul de clor. Puteam auzi sunetele copiilor râzând și stropindu-se în piscină. Stăteam întinsă pe un **șezlong de lângă** piscină, mă bronzam la soare și mă **bucuram de** zi. Aveam ochii închiși și eram pe punctul de a adormi când am auzit pe cineva venind spre mine. Am deschis ochii și am văzut o femeie care stătea lângă mine. Purta un bikini și avea un prosop înfășurat în jurul taliei. Avea părul lung și blond și ochi albaștri. Ținea în mână o sticlă de **cremă de protecție solară.** “Te deranjează dacă îți dau cu cremă de protecție solară pe spate?”, m-a întrebat ea. “Nu, e în regulă”, am spus, așezându-mă în picioare pentru ca ea să ajungă la spatele meu. I-am simțit mâinile ei pe pielea mea în timp ce aplica crema de protecție solară.

Atingerea ei era blândă, iar mirosul de cremă de protecție solară era liniștitor. Am închis din nou ochii și m-am lăsat să mă relaxez. Auzeam **cum se** mișca, dar nu am deschis ochii. Eram mulțumit să stau întins la soare, ascultând sunetul valurilor care se **izbeau** de țărm. După câteva minute, ea s-a îndepărtat, iar eu am deschis ochii. Am privit-o cum se întorcea la șezlongul ei și își lua cartea. S-a așezat pe scaunul ei și a început să citească. Am închis din nou ochii și m-am lăsat să adorm.

konden genieten op zo'n speciale plek.

De zon scheen op mijn huid en de geur van chloor hing in de lucht. Ik kon de geluiden horen van lachende kinderen die in het zwembad spetterden. Ik lag op een ligstoel naast het zwembad, te genieten van de zon en **de** dag. Ik had mijn ogen gesloten en wilde net in slaap vallen toen ik iemand naar me toe hoorde lopen. Ik opende mijn ogen en zag een vrouw naast me staan. Ze droeg een bikini en had een handdoek om haar middel gewikkeld. Ze had lang blond haar en blauwe ogen. Ze hield een fles **zonnebrandcrème** in haar hand. "Vind je het erg als ik wat zonnebrandcrème op je rug smeer?" vroeg ze. "Nee, dat hoeft niet," zei ik, terwijl ik rechtop ging zitten zodat ze bij mijn rug kon. Ik voelde haar handen op mijn huid terwijl ze de zonnebrandcrème aanbracht.

Haar aanraking was zacht en de geur van de zonnebrandcrème was kalmerend. Ik sloot mijn ogen weer en liet me ontspannen. Ik kon het **geluid** van haar bewegingen horen, maar ik opende mijn ogen niet. Ik was tevreden met het feit dat ik daar in de zon lag, luisterend naar het geluid van de golven **die** tegen de kust sloegen. Na een paar minuten liep ze weg, en ik opende mijn ogen. Ik keek naar haar terwijl ze terugliep naar haar ligstoel en haar boek oppakte. Ze nestelde zich in haar stoel en begon te lezen. Ik sloot mijn ogen weer en liet me wegdrijven in slaap.

Întrebări de înțelegere

1. Unde se afla naratorul când începe povestirea?

2. Ce miroase naratorul când deschide ochii?

3. Ce aude naratorul când deschide ochii?

4. A cui este crema de protecție solară pe care femeia i-o dă naratorului?

5. La ce visează naratorul?

6. De ce este înotul în mare atât de special pentru narator?

7.Cum se simte apa în care înoată naratorul?

8. Ce vede naratorul când iese din apă?

9. Ce face femeia după ce pune crema de protecție solară pe narator?

10. Despre ce vorbesc naratorul și femeia la sfârșitul povestirii?

Begrip vragen

1. Waar was de verteller toen hij het verhaal begon?

2. Wat ruikt de verteller als hij zijn ogen opent?

3. Wat hoort de verteller als hij zijn ogen opent?

4. Van wie is de zonnebrandcrème die de vrouw aan de verteller geeft?

5. Waar droomt de verteller over?

6. Waarom is zwemmen in de zee zo speciaal voor de verteller?

7. Hoe voelt het water aan waarin de verteller zwemt?

8. Wat ziet de verteller als hij uit het water komt?

9. Wat doet de vrouw nadat ze de verteller heeft ingesmeerd met zonnebrandcrème?

10. Waarover praten de verteller en de vrouw aan het eind van het verhaal?

Tunsul gazonului

Este ora 10 dimineața într-o **sâmbătă de** vară, iar soarele bate deja fără milă. Vă târâți până în garaj pentru a aduce mașina de tuns iarba, simțindu-vă ca și cum ați fi **condamnat** la muncă silnică. Începi să tunzi gazonul, asigurându-te că mergi încet ca să nu ratezi niciun loc. În timp ce tundeți, vă gândiți la cât de bine vă simțiți să fiți afară, la aer curat. În timp ce începi să împingi mașina de tuns iarba înainte și înapoi pe gazon, îl vezi cu coada **ochiului pe** vecinul tău. Îi faci cu mâna și îl saluți, iar el îți răspunde cu mâna.

După câteva minute, ați terminat și vă îndreptați spre casa vecinului pentru a bea o bere cu el în grădina din față. Este o zi **perfectă** - nu este prea cald, cu o briză ușoară. Stai la umbra copacului, sorbind berea și stând de vorbă cu vecinul tău. Zilele ca acestea te fac să apreciezi vara. Apoi te **îndrepți** înăuntru pentru o bere binemeritată. Te așezi pe un scaun pe veranda din față și desfaci cutia de bere, lăsând să iasă un oftat de mulțumire. Sunetul mașinii de tuns iarba se estompează în fundal în timp ce vă relaxați la umbră, bucurându-vă de **liniștea** momentului. Berea are un gust deosebit de bun după atâta muncă grea în căldură. Eram pe punctul de a intra înăuntru când am auzit un zgomot alături.

Het maaien van het gazon

Het is 10 uur 's ochtends op een zomerse **zaterdag**, en de zon schijnt al ongenadig. Je sjokt naar de garage om de grasmaaier te halen, met het gevoel dat je **veroordeeld bent** tot dwangarbeid. Je begint het gazon te maaien, en zorgt ervoor dat je het rustig aan doet, zodat je niets over het hoofd ziet. Terwijl je aan het maaien bent, denk je aan hoe goed het voelt om buiten in de frisse lucht te zijn. Terwijl u de maaier heen en weer over het gazon duwt, ziet u uw buurman vanuit uw **ooghoek**. Je zwaait en zegt hallo, en hij zwaait terug.

Na een paar minuten ben je klaar, en je gaat naar het huis van je buurman om met hem een biertje te drinken in de voortuin. Het is een **perfecte** dag - niet te warm, met een zacht briesje. Je zit daar in de schaduw van de boom, nipt van je biertje en kletst wat met je buurman. Het zijn dagen als deze die je de zomer doen waarderen. Dan **ga** je naar binnen voor een welverdiend biertje. Je ploft neer in een stoel op de veranda, trekt het blikje open en slaakt een tevreden zucht. Het geluid van de maaier verdwijnt naar de achtergrond terwijl je in de schaduw ontspant en geniet van de **rust** van het moment. Het bier smaakt extra goed na al dat harde werk in de hitte. Ik stond op het

Se **auzea** ca și cum cineva plângea. M-am oprit din tuns și m-am apropiat de gardul care ne despărțea curțile. M-am uitat peste și am văzut-o pe vecina mea, doamna Johnson, plângând pe balansoarul de pe verandă. Am strigat-o, dar nu m-a auzit. M-am cățărat peste gard și am mers la ea. "Doamnă Johnson, vă simțiți bine?" Am întrebat-o. S-a uitat la mine cu lacrimi în ochi și a dat din cap. "Nu, nu sunt bine", a spus ea. "Pisica mea a murit ieri". Am fost șocată. Nu am știut ce să spun. Am stat acolo stânjenită, fără să știu ce să fac. În cele din urmă, mi-am pus mâna pe **umărul** ei și i-am spus: "Îmi pare foarte rău, doamnă Johnson. Dacă vă pot ajuta cu ceva, vă rog să mă anunțați. " Ea a clătinat din cap și a spus: "Nu, nimeni nu poate face nimic". Apoi s-a ridicat și a intrat în casa ei. Am stat acolo o clipă, fără să știu ce să fac. Apoi m-am întors la tunsul gazonului. În timp ce terminam, nu m-am putut abține să nu mă gândesc la doamna Johnson și la pisica ei.

punt om naar binnen te gaan toen ik een geluid hoorde bij de buren.

Het **klonk** alsof iemand huilde. Ik stopte met maaien en liep naar het hek dat onze tuinen scheidde. Ik keek om en zag mijn buurvrouw, mevrouw Johnson, huilen op haar schommelbank. Ik riep naar haar, maar ze hoorde me niet. Ik klom over het hek en liep naar haar toe. “Mevrouw Johnson, is alles goed met u?” vroeg ik. Ze keek met tranen in haar ogen naar me op en schudde haar hoofd. “Nee, het gaat niet goed met me,” zei ze. “Mijn kat is gisteren gestorven.” Ik was geschokt. Ik wist niet wat ik moest zeggen. Ik stond daar maar wat ongemakkelijk, niet wetend wat ik moest doen. Uiteindelijk legde ik mijn hand op haar **schouder** en zei: “Het spijt me zo, mevrouw Johnson. Als er iets is wat ik kan doen om te helpen, laat het me alsjeblieft weten. “Ze schudde haar hoofd en zei: Nee, er is **niets** dat iemand kan doen. Toen stond ze op en ging haar huis binnen. Ik stond daar een ogenblik, niet wetend wat te doen. Toen ging ik verder met het maaien van mijn gazon. Toen ik klaar was, moest ik denken aan mevrouw Johnson en haar kat.

Întrebări de înțelegere

1. Ce oră este?

2. Unde se află persoana care tunde?

3. Cum se simte persoana?

4. De ce trebuie ca persoana să coasească încet?

5. Ce fel de vreme este?

6. Ce face persoana după ce tunde?

7. Ce aude persoana înainte de a pleca acasă?

8. Cine este cu doamna Johnson?

9. De ce plânge doamna Johnson?

10. Ce îi spune persoana respectivă doamnei Johnson?

Begrip vragen

1. Hoe laat is het?

2. Waar is de persoon aan het maaien?

3. Hoe voelt de persoon zich?

4. Waarom moet de persoon langzaam maaien?

5. Wat voor weer is het?

6. Wat doet de persoon na het maaien?

7. Wat hoort de persoon voordat hij naar huis gaat?

8. Wie is er bij Mrs Johnson?

9. Waarom huilt Mrs Johnson?

10. Wat zegt de persoon tegen Mrs. Johnson?

Obținerea unei tunsori

Voiam să mă tund de săptămâni întregi, dar mereu reușeam să o amân. Dar, cum **Crăciunul era** aproape, știam că nu mai puteam amâna. Nu voiam să mă prezint la cina de Crăciun a familiei mele arătând ca o mizerie neîngrijită. Așa că, devreme în dimineața de Crăciun, m-am îndreptat spre salon. Chiar dacă era devreme, salonul era deja ocupat cu alte persoane care își **făceau** părul pentru sărbătoare. Mi-am ocupat locul la coadă și mi-am așteptat rândul. În cele din urmă, a venit rândul meu pe scaun. Stilista, o femeie prietenoasă pe nume Jill, m-a întrebat ce doresc. "Doar o tunsoare, nimic prea drastic", i-am răspuns. Jill s-a apucat de treabă, tăindu-mi părul. În timp ce lucra, am început să mă relaxez. Mă simțeam bine că, în sfârșit, aveam grijă de mine. Fusesem atât de ocupată în ultima vreme, alergând de colo-colo, având grijă de toți ceilalți, încât îmi lăsasem propriile nevoi să cadă în uitare. Dar nu **mai era așa**. De acum încolo, aveam de gând să-mi fac timp pentru mine.

Când Jill a terminat, m-am uitat în oglindă și am fost mulțumită de ceea ce am văzut. Părul meu arăta îngrijit și lustruit - perfect pentru întâlnirile de sărbători. **I-am mulțumit lui** Jill și mi-am notat **în minte** să revin mai

Naar de kapper

Ik wilde al weken naar de kapper, maar op de een of andere manier kon ik het steeds uitstellen. Maar met **Kerstmis voor de deur**, wist ik dat ik het niet langer kon uitstellen. Ik wilde niet op het kerstdiner van mijn familie verschijnen als een smerige puinhoop. Dus, vroeg op kerstochtend, ging ik naar de salon. Hoewel het nog vroeg was, was de salon al druk bezig met andere mensen **die** hun haar lieten doen voor de feestdagen. Ik nam plaats in de rij en wachtte op mijn beurt. Eindelijk was het mijn beurt in de stoel. De styliste, een vriendelijke vrouw die Jill heette, vroeg me wat ik wilde. "Gewoon een knipbeurt, niets te drastisch," antwoordde ik. Jill ging aan de slag en knipte mijn haar weg. Terwijl ze werkte, begon ik te ontspannen. Het voelde goed om eindelijk voor mezelf te zorgen. Ik had het de laatste tijd zo druk gehad met voor iedereen te zorgen, dat ik mijn eigen behoeften aan de kant had laten liggen. Maar **nu** niet **meer**. Van nu af aan, zou ik tijd voor mezelf maken.

Toen Jill klaar was, keek ik in de spiegel en was blij met wat ik zag. Mijn haar zag er netjes en gepolijst uit-perfect voor vakantie bijeenkomsten. Ik **bedankte** Jill en maakte een notitie om vaker terug te komen.

des. De acum înainte, voi avea grijă de mine în primul rând. S-a apucat de treabă și mi-a tăiat părul. M-am gândit la cât de recunoscătoare eram că în sfârșit reușisem să mă tund. Mă simțeam bine să știu că voi arăta prezentabil pentru **masa de** Crăciun. Nu va mai trebui să-mi fac griji că familia mea mă va tachina din cauza aspectului meu "neîngrijit". După câteva minute, stilistul a terminat de tuns și mi-a făcut o uscare rapidă a părului. M-am privit în oglindă și am fost mulțumită de ceea ce am văzut - un look curat, care ar fi fost perfect pentru cina de Crăciun. Acum că tunsoarea mea era gata, mă puteam concentra pe petrecerea sărbătorilor cu familia mea. Și am fost și mai recunoscătoare pentru asta.

M-am simțit atât de **eliberată și mi-a** plăcut cum arăta noua mea tunsoare. După ce am plătit pentru tunsoare, m-am dus acasă și am început să-mi fac bagajele pentru călătorie. Abia așteptam să le arăt noul meu look familiei și prietenilor mei. Știam că vor fi surprinși când mă vor vedea. În ziua zborului meu, am ajuns la aeroport cu suficient timp liber. Am trecut fără probleme de controlul de securitate și, în scurt timp, am pornit la drum. De îndată ce am ajuns la destinație, am simțit emoția din aer. Crăciunul era cu siguranță în aer! Familia mea a fost acolo pentru a mă întâmpina la aeroport și toți au fost uimiți de noua mea tunsoare.

Van nu af aan zal ik in de eerste plaats voor mezelf zorgen. Ze begon aan mijn haar te knippen. Ik dacht eraan hoe dankbaar ik was dat ik er eindelijk aan toe was gekomen om mijn haar te laten knippen. Het voelde goed om te weten dat ik er toonbaar uit zou zien voor **het kerstdiner**. Ik hoefde me geen zorgen meer te maken dat mijn familie me zou plagen over mijn “smerige” uiterlijk. Na een paar minuten was de styliste klaar met het knippen van mijn haar en föhnde ze me snel. Ik keek in de spiegel en was blij met wat ik zag: een strak geknipt kapsel dat perfect zou zijn voor het kerstdiner. Nu mijn kapsel achter de rug was, kon ik me concentreren op de feestdagen met mijn gezin. En daar was ik nog dankbaarder voor.

Het voelde zo **bevrijdend**, en ik hield van de manier waarop mijn nieuwe kapsel eruit zag. Nadat ik voor mijn kapsel had betaald, ging ik naar huis en begon ik in te pakken voor mijn reis. Ik **kon niet** wachten om mijn nieuwe look aan mijn familie en vrienden te tonen. Ik wist dat ze verrast zouden zijn als ze me zouden zien. Op de dag van mijn vlucht kwam ik ruim op tijd aan op de luchthaven. Ik ging zonder problemen door de beveiliging en al snel was ik op weg. Zodra ik op mijn bestemming aankwam, kon ik de opwinding in de lucht voelen. Kerstmis hing zeker in de lucht! Mijn familie was er om me op de luchthaven te begroeten, en ze waren allemaal verbaasd over mijn nieuwe kapsel.

Întrebări de înțelegere

1. Ce trebuia să facă protagonistul înainte de Crăciun?

2. Ce a simțit protagonista în legătură cu îngrijirea de sine?

3. Cine a tuns-o pe protagonistă?

4. De ce familia protagonistei avea de gând să o necăjească?

5. Cum s-a simțit protagonista după ce s-a tuns?

6. Ce a făcut protagonista după ce s-a tuns?

7. Care a fost reacția familiei protagonistei la tunsoarea ei?

8. Ce a făcut protagonistul în Ajunul Crăciunului?

9. Ce a făcut ca experiența protagonistului să fie mai specială?

10. Ce s-ar întâmpla dacă protagonistul nu s-ar tunde?

Begrip vragen

1. Wat moest de hoofdpersoon doen voor Kerstmis?

2. Hoe vond de hoofdpersoon het om voor zichzelf te zorgen?

3. Wie heeft het haar van de hoofdpersoon geknipt?

4. Waarom ging de familie van de hoofdpersoon haar plagen?

5. Hoe voelde de hoofdpersoon zich nadat ze naar de kapper was geweest?

6. Wat heeft de hoofdpersoon gedaan nadat ze naar de kapper is geweest?

7. Wat was de reactie van de familie van de hoofdpersoon op haar kapsel?

8. Wat deed de hoofdpersoon op kerstavond?

9. Wat maakte de ervaring van de hoofdpersoon specialer?

10. Wat zou er gebeuren als de hoofdpersoon niet naar de kapper zou gaan?

Parcul

Soarele apunea, iar parcul era gol. M-am așezat pe o bancă, așteptându-mi **prietenul**. Ne plănuisem să ne întâlnim aici cu o oră în urmă, dar ea întârzia mereu. Tocmai când eram pe cale să renunț și să mă duc acasă, am văzut-o alergând spre mine. “Îmi pare atât de rău”, a oftat ea când a ajuns pe bancă. “Trenul meu a avut **întârziere.**” “E în regulă”, am spus eu **iertător**. “Abia am ajuns aici.” Ne-am așezat și am stat de vorbă o vreme, punându-ne la curent cu viața fiecăruia de când ne-am întâlnit ultima dată. Conversația a curs cu **ușurință** și am simțit că nu a trecut deloc timp de când ne-am văzut ultima dată. Pe măsură ce soarele apunea, ne-am luat rămas bun și am plecat pe drumuri separate. Următoarea dată când ne-am întâlnit, a fost într-un alt parc. Din nou, ea a întârziat, dar nu m-a deranjat. A fost plăcut să am pe cineva cu care să vorbesc și care să mă **înțeleagă.** Am vorbit despre visele și **aspirațiile** noastre, despre lucrurile pe care voiam să le facem în viață. Ea mi-a povestit despre planurile ei de a călători în lume, iar eu i-am împărtășit visul meu de a deveni scriitor. Pe măsură ce soarele apunea într-o altă zi, ne-am luat la revedere încă o dată, promițând să ținem legătura de data aceasta.

Anii au trecut, iar **prietenia** noastră a rămas puternică,

Het park

De zon ging onder, en het park was leeg. Ik zat op het bankje te wachten op mijn **vriendin**. We hadden hier al een uur geleden afgesproken, maar ze was altijd te laat. Net toen ik het wilde opgeven en naar huis wilde gaan, zag ik haar naar me toe rennen. “Het spijt me zo,” hijgde ze toen ze de bank bereikte. “Mijn trein **had vertraging**.” “Het is goed,” zei ik **vergevingsgezind**. “Ik ben hier net zelf.” We gingen zitten en praatten een poosje, praatten bij over elkaars leven sinds we elkaar voor het laatst zagen. Het gesprek verliep **vlot**, en het leek alsof er helemaal geen tijd was verstreken sinds we elkaar voor het laatst hadden gezien. Toen de zon onderging, namen we afscheid en gingen onze eigen weg. De volgende keer dat we elkaar zagen, was in een ander park. Weer was ze te laat, maar dat vond ik niet erg. Het was fijn om iemand te hebben om mee te praten die me **begreep**. We spraken over onze dromen en **aspiraties**, dingen die we wilden doen met ons leven. Zij vertelde me over haar plannen om de wereld rond te reizen, en ik deelde mijn droom om schrijfster te worden. Toen de zon weer onderging, namen we afscheid van elkaar en beloofden we elkaar dit keer te blijven zien.

Jaren gingen voorbij, en onze **vriendschap** bleef sterk,

chiar dacă acum locuiam în părți diferite ale țării. Am păstrat legătura prin scrisori și apeluri telefonice ocazionale, împărtășind unul cu celălalt noutăți din viața noastră. Când a anunțat că se căsătorește, nu am fost **surprins** - ea fusese întotdeauna genul **aventurier.** Dar când m-a întrebat dacă aș vrea să fiu domnișoara ei de onoare la ceremonia de nuntă, care avea loc în cealaltă parte a lumii față de locul în care locuiam... a fost nevoie de ceva convingere! În cele din urmă, însă, nu puteam să o las pe cea mai bună prietenă a mea să se căsătorească fără să fiu alături de ea, așa că, în ciuda temerilor mele (și după multe rugăminți din partea ei!), am fost de **acord** să particip la ceea ce s-a dovedit a fi **aventura** vieții mele.

Ziua **nunții** a sosit în sfârșit. Eram emoționată, dar entuziasmată să iau parte la un moment atât de important din viața prietenei mele. Ceremonia a fost frumoasă, iar ea părea fericită în timp ce își rostea jurămintele. **După aceea**, am sărbătorit cu o petrecere mare - se părea că toți cunoscuții ei veniseră să sărbătorească cu ea! A fost o zi **magică pe** care nu o va uita niciodată, iar prietenia noastră a devenit doar mai puternică după această aventură. Acum, ani mai târziu, încă păstrăm legătura. Amândouă ne-am **schimbat** mult de când ne-am cunoscut, dar prietenia noastră este la fel de puternică ca întotdeauna.

ook al woonden we nu in verschillende delen van het land. We hielden contact door middel van brieven en af en toe telefoontjes, waarbij we nieuws over ons leven met elkaar deelden. Toen ze aankondigde dat ze ging trouwen, was ik niet **verbaasd** - ze was altijd al een **avontuurlijk** type geweest. Maar toen ze me vroeg of ik haar bruidsmeisje wilde zijn op haar huwelijksceremonie, dat halverwege de wereld zou plaatsvinden, van waar ik woonde... daar was wel wat overtuigingskracht voor nodig! Maar uiteindelijk kon ik mijn beste vriendin niet laten trouwen zonder mij aan haar zijde, dus ondanks mijn angsten (en na veel smeken van haar!) **stemde** ik ermee in om mee te gaan op wat het **avontuur** van mijn leven bleek te zijn.

De dag van de **bruiloft was** eindelijk aangebroken. Ik was nerveus, maar opgewonden om deel uit te maken van zo'n belangrijk moment in het leven van mijn vriendin. De ceremonie was prachtig, en ze zag er gelukkig uit toen ze haar geloften aflegde. **Daarna** vierden we het met een groot feest - het leek wel of iedereen die ze kende was gekomen om het met haar te vieren! Het was een **magische** dag die ik nooit zal vergeten, en onze vriendschap is na dat avontuur alleen maar sterker geworden. Nu, jaren later, houden we nog steeds contact. We zijn allebei veel **veranderd** sinds we elkaar voor het eerst ontmoetten, maar onze vriendschap is nog even sterk als altijd.

Întrebări de înțelegere

1. Unde s-au întâlnit pentru prima dată autoarea și prietena ei?

2. De ce a întârziat prietenul autorului la întâlnirea lor?

3. Despre ce au vorbit prietenii atunci când s-au reîntâlnit ani mai târziu?

4. Ce a simțit autoarea când a participat la ceremonia de nuntă a prietenei sale?

5. Descrieți cadrul în care se desfășoară ceremonia de nuntă.

6. Cum s-a schimbat prietenia dintre cele două femei de-a lungul timpului?

7. Care este visul autorului?

8. Unde intenționează să călătorească prietenul autorului?

9. De ce a ezitat autoarea să participe la ceremonia de nuntă a prietenului ei?

Begrip vragen

1. Waar hebben de auteur en haar vriendin elkaar voor het eerst ontmoet?

2. Waarom was de vriend van de auteur te laat op hun afspraak?

3. Waar hadden de vrienden het over toen ze elkaar jaren later weer ontmoetten?

4. Hoe vond de schrijfster het om de huwelijksceremonie van haar vriendin bij te wonen?

5. Beschrijf de omgeving van de huwelijksceremonie.

6. Hoe is de vriendschap tussen de twee vrouwen in de loop der tijd veranderd?

7. Wat is de droom van de auteur?

8. Waar is de vriend van de schrijver van plan heen te reizen?

9. Waarom aarzelde de schrijfster om de huwelijksceremonie van haar vriendin bij te wonen?

www.ingramcontent.com/pod-product-compliance
Lightning Source LLC
LaVergne TN
LVHW010601160826
845677LV00013B/3213
9798848007824